人人出版

Ready to go!

Good morning！
今天要做什麼？

#日本第二高的大樓前面 »P.24

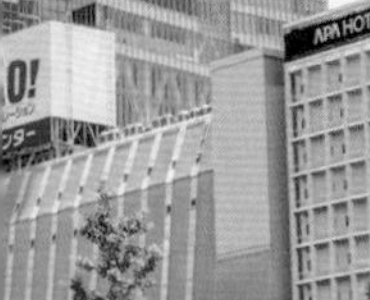

#美味的咖啡 »P.56

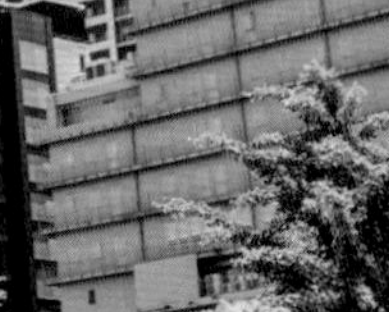

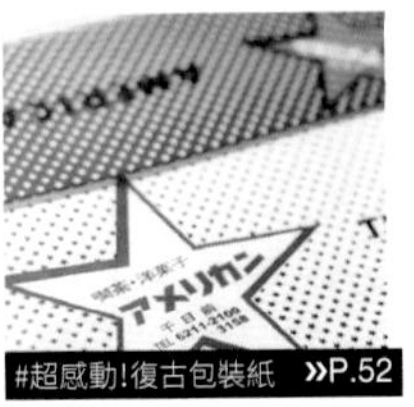

#超感動!復古包裝紙 »P.52

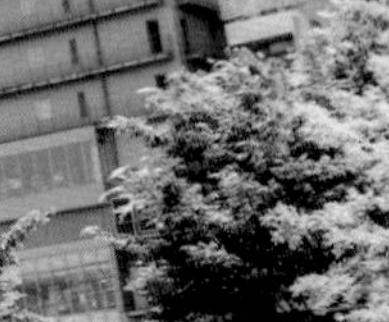

#大阪的福神 »P.77

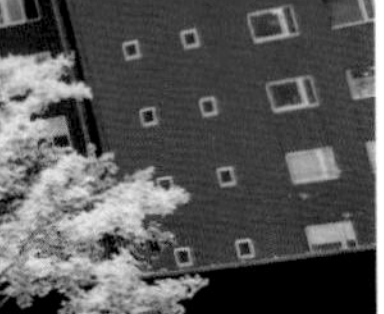

#打卡美照 »P.55

啟程！大阪體感之旅！

#梅田藍天大廈 »P.86

#From義大利 »P.46

#在河岸邊 »P.18

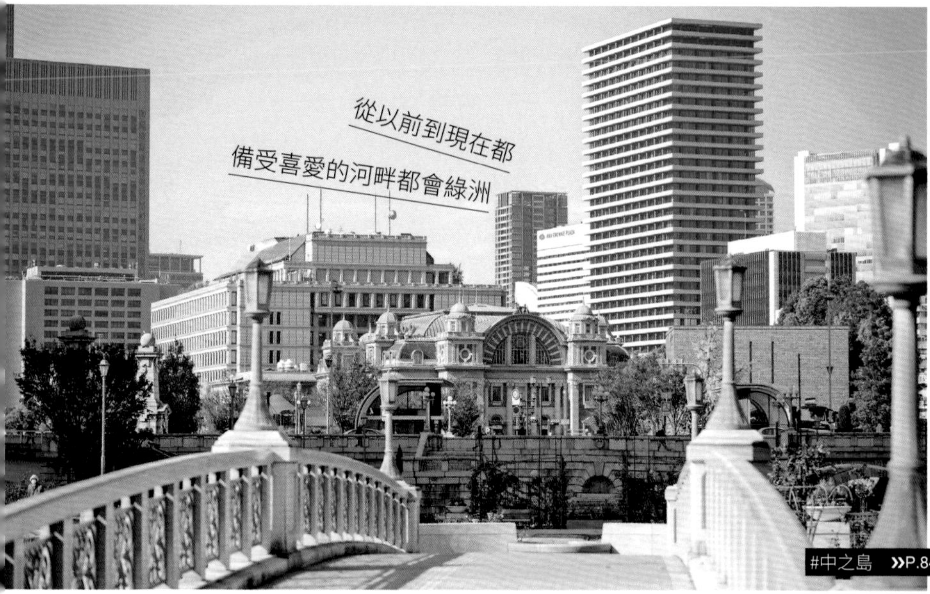

從以前到現在都
備受喜愛的河畔都會綠洲

#中之島 ››P.84

大啖美味午餐和甜點♥

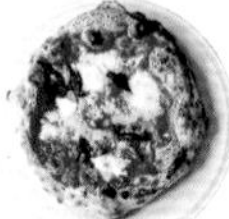

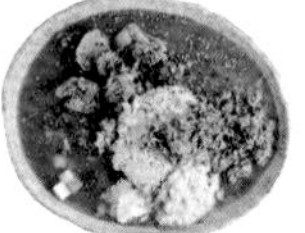

超上相的美食們。

（右起）獨家販售與精心挑選的商品，讓人越看越想要的「graf」（» P.102）、「大阪市中央公會堂」（» P.84）貴賓室的藝術品味之高讓人驚艷、「CAFÉ SIK」（» P.54）的磁磚地板也不能錯過、「北濱 RETRO」（» P.85）的任何一處都美麗如畫

#大家都喜歡的小小兵 ››P.20

穿越時空，
前往70年代的大阪！

#70年代的迷你裙制服 ››P.23

#EXPO'70萬博展覽館 ››P.2

#HATApopLINER ››P.12

#大阪名物章魚燒 »P.37

今天也要
大烤特烤～

活力四射的鮮明色彩充滿大阪風格。

嘎歐～

厲害吧！

(右起) 漫步於秀吉公傾注熱情的「大阪城」(» P.72)、大阪的看板人物「食倒太郎」(» P.68)、在「千成屋珈琲」(» P.53) 品嚐大阪名物綜合果汁、超適合拍照打卡的「難波八阪神社」(» P.129)、美國村 (» P.90) 的壁畫、發祥地「北極星」(» P.43) 的蛋包飯

#夜晚即將開始 »P.62

#GRAND FRONT大阪 »P.96

#酷日本的精髓 »P.86

#HEP FIVE的摩天輪 MAP 附錄P.8 B-

那麼，明天又會遇見什麼呢？

#浮誇看板是一定要的！ »P.6

COLOR PLUS カラープラス

CONTENTS

Osaka

060 |

023 |
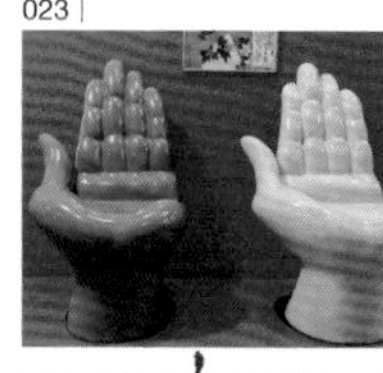
027 |

018 |

047 |

055 |

025 |

What do you feel like doing?

Experience
脫離日常的感動體驗

Shopping
想買的東西都在這裡

Discovery
邂逅嶄新發現的旅行

B-side

icon

☎電話號碼 營業時間 休公休日 所在地
交通方式 ¥費用 P停車場 MAP地圖刊載頁

※使用本書時，請先確認P.142的〈本書使用注意事項〉。

Ristorante Pizzeria SANTA LUCIA >>P.47

食倒太郎 >>P.68

graf studio(shop & kitchen) >>P.102

yobareya >>P.48

#露天座位 #靭公園
CAFÉ SIK >>P.54

SPOONBILL >>P.25

萬博紀念公園 >>P.23

Attic Days >>P.98

PICK UP!

觀光名勝

新世界的象徵

通天閣 >>P.76

號稱浪速的艾菲爾鐵塔。一定要拜訪位於通天閣5樓的比利肯福神。

日本第二高

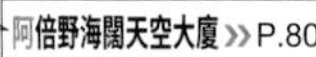
阿倍野海闊天空大廈 >>P.80

高300m的日本第二超高層複合大廈。玻璃帷幕展望台錯過可惜！

氣派的天守閣

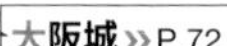
大阪城 >>P.72

豐臣秀吉作為統一天下的據點而建造的城池。現今的天守閣是第3代。

南區（難波・心齋橋）

固力果的看板

道頓堀 >>P.68

有許多浮誇的看板和霓虹燈，可以拍出極具大阪特色的照片。

流行甜點

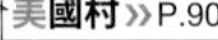
美國村 >>P.90

有不少販賣古著或充滿美式鄉村風格的店家。最近以網美系甜點受到矚目。

充滿活力

黑門市場 >>P.88

以鮮魚店為中心，有許多餐飲店林立，可以說是大阪的廚房。

北區（大阪站・梅田）

方便逛街，也有咖啡廳

GRAND FRONT大阪 >>P.94

從JR大阪站步行馬上就能抵達，洋溢高級感的超大型複合商業設施。

懷舊的街道

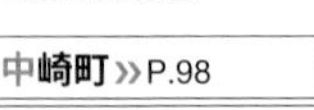
中崎町 >>P.98

有許多由古民家改裝而來的商店和咖啡廳，充滿懷舊感的街道。

世界矚目

梅田藍天大廈 >>P.86

世界知名的高層建築展望台。從圓形空中庭園眺望的景色絕佳。

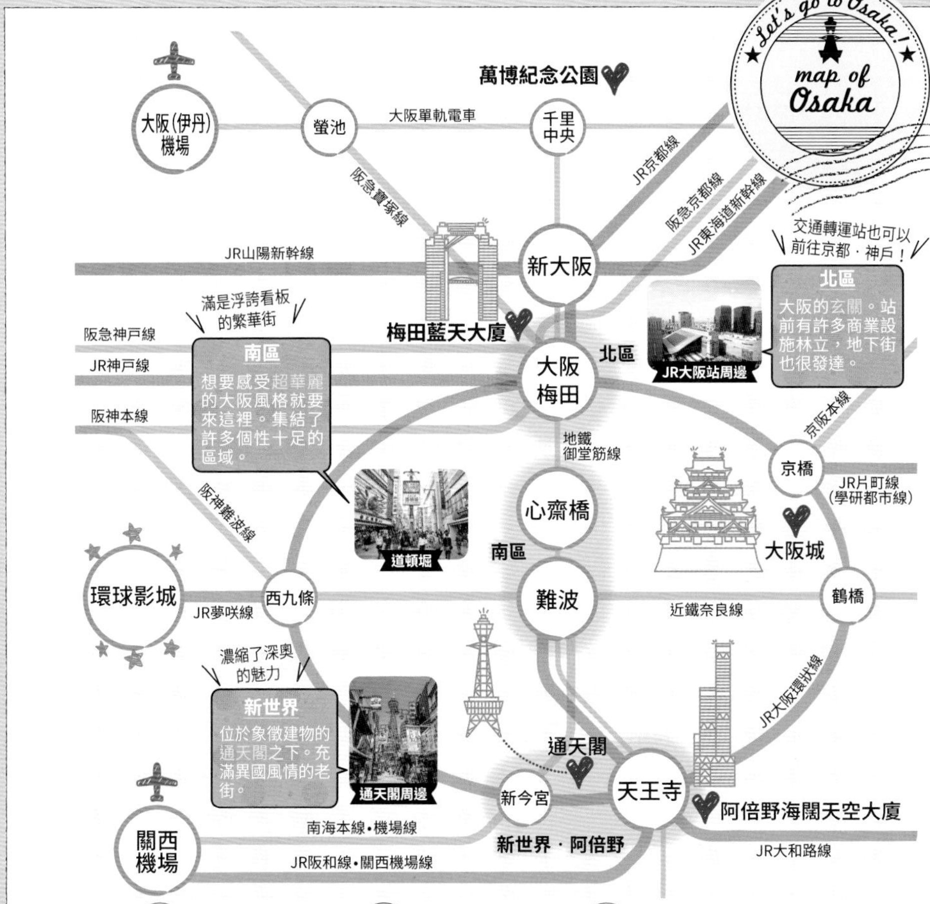

Let's go to Osaka! map of Osaka

萬博紀念公園
大阪(伊丹)機場
螢池
大阪單軌電車
千里中央
阪急寶塚線
JR京都線
阪急京都線
JR東海道新幹線
JR山陽新幹線
新大阪
交通轉運站也可以前往京都．神戶！

北區
大阪的玄關。站前有許多商業設施林立，地下街也很發達。

JR大阪站周邊
滿是浮誇看板的繁華街

南區
想要感受超華麗的大阪風格就要來這裡。集結了許多個性十足的區域。

梅田藍天大廈
阪急神戶線
JR神戶線
阪神本線
大阪梅田
北區
地鐵御堂筋線
京阪本線
京橋
JR片町線(學研都市線)
阪神難波線
心齋橋
道頓堀
南區
大阪城
環球影城
西九條
JR夢咲線
難波
近鐵奈良線
鶴橋
濃縮了深奧的魅力

新世界
位於象徵建物的通天閣之下。充滿異國風情的老街。

通天閣周邊
JR大阪環狀線
通天閣
新今宮
天王寺
阿倍野海闊天空大廈
關西機場
南海本線•機場線
JR阪和線•關西機場線
新世界．阿倍野
JR大和路線

行前小知識

在大阪市內移動以搭電車最方便。若能事先決定好想去的景點，效率會大大提升！一同享受氣氛截然不同的「北區」與「南區」的全套旅遊吧！

01 市內最少要2天1夜 加上USJ的話最好要住2夜

如果以市內觀光為主，2天1夜差不多就夠了。若是還想去環球影城，就要再加一個晚上，安排在能夠運用一整天的第2天前往會比較理想。

02 旅行的玄關是大阪機場、關西機場和新大阪站

大阪機場和關西機場抵達後的移動方式會截然不同，請務必留意。想要馬上觀光的人，推薦以交通便利的新幹線移動較為方便。

03 北區的中心是大阪站 南區的中心是難波站

大致可分為2個區域：有巨大複合大樓集中的JR大阪站周邊是「北區」，道頓堀和新世界等洋溢浮誇氛圍的區域則為「南區」。

04 抵達新大阪站後 可搭乘御堂筋線前往梅田

從新大阪站出發時，以方便前往梅田或難波等主要觀光地的地鐵御堂筋線較為方便。驗票閘門在2樓，月台則在3樓，不要搞錯了哦！

05 從大阪機場往北區可搭電車 往南區要搭巴士

想以最便宜的車資前往北區的話，請搭乘大阪單軌電車與阪急電鐵；往南區則推薦車資便宜又能比電車更快抵達的巴士。

06 從關西機場出發時 要比較費用和時間

有JR、南海電鐵、利木津巴士等3種方式。往北區以巴士最快速。要前往難波，可以搭乘又快又便宜的南海電鐵。不妨配合目的地與行程來選擇移動手段吧！

Have a Nice Trip!

行前須知

TOPICS

Osaka

JR大阪～梅田站之間 **可以在地下順暢移動**

集結JR、地鐵、私鐵的梅田，在地底下有巨大的街道宛如網路般連結各個車站，就好像迷宮一樣。雖然構造複雜，但只要掌握位置間的關係，就能以最短距離減少移動的時間！不僅如此，還有「Whity梅田」、「DIAMOR OSAKA」等可以品嚐美食及逛街的區域可以順道前往。只要

制霸梅田地下街，就能讓你的梅田時光變得更有趣。

住在**JR大阪站‧梅田周邊**會很方便

作為交通轉運站的JR大阪站‧梅田周邊集結了大大小小的各式旅宿。如果預定要前往京都或神戶觀光，這邊最適合作為據點。若是要前往環球影城，周邊的商務旅館也可以作為候補。

南北向街道為**「筋」** 東西向街道為**「通」**

大阪市內的主要街道，往南北延伸的稱為「●●筋」，例如御堂筋、谷町筋等；往東西延伸的則為「▲▲通」，例如千日前通、中央大通等。先記起來就會很方便喔！

搭乘新幹線之前先在新大阪站品嚐**大阪美食！**

作為大阪玄關的新大阪站。其實站內就有許多可以讓人在離開或抵達時品嚐大阪名物料理的設施。在來線3樓驗票閘門內的「EKI MARCHÉ新大阪」有36家販售章魚燒、炸串和伴手禮等物的店鋪，對JR利用者來說非常方便。地鐵派則可以利用2樓地鐵北驗票閘門外的「新浪速大食堂」，這裡有麵店或或居酒屋等店鋪，從早到晚都很熱鬧。

搭乘電扶梯時 **站在右側是鐵則！**

在大阪搭乘電扶梯時，基本上要站在右側，讓左側淨空。雖然說法不一，但據說是在昭和45（1970）年的萬國博覽會（世界博覽會）時，考量世界基準而站在右側的方式久而久之成為習慣所致。不妨來體驗一下大阪流電扶梯的全球化站法吧！

搭乘**水上巴士** 觀光、移動同時進行！

可以徹底玩遍水都大阪的水上巴士。從河川上眺望大阪街道的感覺也很新鮮。船內廣播會解說歷史和景點，可以盡情享受觀光氣氛。區間乘船也沒問題，在觀光的同時還能順便移動，非常推薦。

味道的關鍵在於 **閃耀金黃色的高湯**

關西擁有以昆布和柴魚萃取的高湯作為料理基礎的高湯文化。日清的「咚兵衛」關西版和關東版分別使用了不同的高湯也相當知名。關西口味的特徵是散發昆布和柴魚的香氣、湯頭乾淨清澈。此外，卡樂比的「洋芋片 高湯醬油」則是關西限定口味。

在大阪說到肉，指的不是豬肉而是**牛肉！**

在大阪說到肉，指的可是牛肉。一般家庭或餐廳的馬鈴薯燉肉、咖哩、肉片烏龍麵等使用的都是牛肉。所以使用豬肉的「豬肉包子」（豚まん）並不會直接稱為「肉包」（肉まん）。順帶一提，雞肉則叫做「かしわ」。

要品嚐**THE大阪美食** 就要來**道頓堀！**

時間不夠但是想吃吃大阪名物，還希望欣賞大阪特有的景色！這時候就要來道頓堀。這裡有章魚燒或御好燒等名店集結，可以一家一家吃個過癮！也別忘了拍攝固力果跑跑人和「かに道楽」等知名看板的照片喔！

8月上旬◎淀川（十三周邊）
浪速淀川花火大會
於淀川河畔施放美麗的煙火，是由在地志願者獻上的夏季風物詩
大阪觀光局（公財）大阪觀光會議協會

11月17日～12月25日◎新梅田City
大阪德國聖誕市集
有許多販售德國傳統工藝品的店家及餐飲店

7月海之日、7月30日～8月1日◎住吉大社
住吉祭
大阪最後的夏日祭典，具有為大阪地區消災解厄、除穢祈福的意義

6月30日～7月2日◎愛染堂 勝鬘院
愛染祭
讓愛染娘乘坐在轎子上，參與者一邊發出響亮的吆喝聲一邊遊行

1月9日～11日◎今宮戎神社
十日戎
「為求生意興隆，人人手拿福竹」的傳統祭典，現場還會演奏日本傳統音樂，熱鬧非凡

大阪觀光局（公財）大阪觀光會議協會

12月 11月 10月 9月 8月 7月 6月 5月 4月 3月 2月 1月

12月中旬～下旬◎中之島
OSAKA光之文藝復興
從大阪市役所延續到中之島公園，可以欣賞燦爛的光雕

9月中旬◎岸和田
岸和田地車祭
非常有名的祭典，地車會猛然加速，穿梭在岸和田的街道上

7月24日～25日◎大阪天滿宮
天神祭
日本三大祭之一。本宮主祭當天的陸渡御與船渡御非常有看頭

4月上旬～中旬◎造幣局
櫻花步道
長約560m，兩側有美麗的櫻花盛開，是大阪首屈一指的賞櫻名所

3月中～下旬◎四天王寺
春季 彼岸會
在舉行日想觀法事的參道上會擺設許多露天攤販，人潮滿滿非常熱鬧

季節活動

culture 知道就會很方便!? 大阪腔講座

有附例文喔～

【日常篇】

ほかす **丟棄**
「那是垃圾可以丟掉了。」 ＊「それゴミやからほかしといて」

なおす **收納。修理。**
「把那邊那雙鞋拿去修理吧！」 ＊「そこに出してる靴なおしときや！」

さら **新品**
「這衣服可是新品喔。」 ＊「この服、さらやねん」

からい **鹹**
「拜託～這也太鹹了吧！」 ＊「ちょお！ コレからすぎやわ」

かしこい **聰明**
「小妹妹好聰明，能一個人看家，給妳糖果吧！」 ＊「○○ちゃん留守番してかしこいから飴ちゃんあげよ」

【食物篇】

たく **煮**
「我煮了很多。」 ＊「ぎょーさんたいてん」

お造り **生魚片**
「來點一道生魚片拼盤吧！」 ＊「お造り盛り合わせ頼もか」

つきだし **小菜**
店員：「這是小菜。」 ＊店員：「おつきだしです」

【物品篇】

押しピン **大頭釘**
「把這個用大頭釘釘上去。」 ＊「コレ押しピンで貼っといて」

カッターシャツ **襯衫**
「哎呀❤這件襯衫好適合你呢！」 ＊「いや❤そのカッターシャツよお似合うわ」

めばちこ **針眼**
「你看！我長針眼了。」 ＊「見て！めばちこできてん」

モータープール **停車場**
「我去把車停到停車場。」 ＊「この車モータープールに停めてくるわ」

【招呼篇】

おおきに **謝謝**
「感謝您的惠顧。」 ＊「感謝您的惠顧。」

なんぼ? **HOW MUCH?**
「這件襯衫多少錢?」 ＊「このカッターシャツなんぼ?」

ぼちぼち **慢慢地**
「慢慢地走吧！」 ＊「ぼちぼち行こか」

かまへん **不用客套**
「不用這麼客套啦！很見外耶！」 ＊「そんなんかまへんて！ 水くさいわ」

culture 個性親切 什麼都會加上「さん」

「ビリケンさん」(比利肯福神）或「えべっさん」(惠比壽神）等，沒對神明使用尊稱的「さま」而是親切地加上「さん」來稱呼，這就是大阪風格。另外，對食物也會親暱地稱呼，像是「お粥さん」（稀飯）或「おいなりさん」（稻荷壽司）等。順帶一提，糖果則是稱為「飴ちゃん」。

culture 在大阪，家家戶戶都有章魚燒機是理所當然的事

只要親友來到家裡，大阪人不是煮火鍋就是開章魚燒派對。家家戶戶都有一台章魚燒機是常識，每個家庭也有自己講究的配料，會添加玉米或是起司等，開創自家獨有的吃法。

culture 聽說大阪人很急性子 這是真的喔！

自古以來便作為商人之都而繁榮的大阪，有很多急性子的人。即便在電動步道上大多還是會快步通過；過斑馬線時，只要一變綠燈就會立刻前進；搭電梯時也會猛按關門鍵。在這裡可以實際體會到大阪人「時間就是金錢」的觀念。

※活動資訊可能會因為新冠疫情等影響而中止或變更，請務必於事前再次確認。

Osaka 大阪

3天2夜 全速運轉 盡情享受現在的大阪

大阪 PLAN

Let's Go!

來看看能夠更有效率、盡情享受大阪的旅遊計畫吧！也有許多能讓旅行更充實的提示喔！

第1天 首先以王道行程在大阪玩個夠

POINT
前往「這就是大阪」的浮誇看板觀光地。要在新大阪→新世界→心齋橋之間移動，使用地鐵御堂筋線就很方便。

10:00 抵達新大阪站

10:30 在新世界登上通天閣

這就是新世界！

坐鎮於通天閣的比利肯福神 >>P.77

通天閣裡也有各式各樣的伴手禮店

Lunch!

12:00 炸串午餐

現炸的真好吃！

注意醬汁不能回沾

八重勝 >>P.38

Sweets!

14:00 在美國村・堀江尋找甜點&雜貨

可愛的甜點♥邊走邊吃

Poppin Sweeties >>P.90

個性派商店大集合！美國村

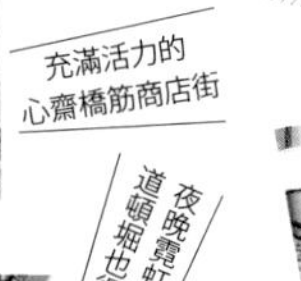

發現時髦的雜貨！

堀江有許多時尚敏銳度很高的商店

16:00 在心齋橋商店街散步

長約580m的商店街上大約有180間店鋪，每天都熱鬧滾滾

充滿活力的心齋橋筋商店街

17:00 在道頓堀探訪看板&章魚燒

「固力果」的看板

夜晚霓虹閃耀的道頓堀也很漂亮

「くくる」的大章魚

Dinner!

19:00 在裏難波吃晚餐

在地人聚集的夜晚小酌區域

裏難波 >>P.58

たこ焼道楽 わなか 千日前本店 >>P.37

這裡也是章魚燒店的激戰區

敲著鼓在道頓堀等你喔～

食倒太郎

good night!

於市街上的旅館住宿

第2天 在主題公園大玩特玩

POINT
如果要在環球影城待一天的話，建議安排3天2夜，以便能夠好好玩上一整天。

9:00 徹底玩遍日本環球影城

日本環球影城 >>P.20・116

忠實呈現哈利波特的電影世界

園區內任何一處美麗如畫

搭上世界最長的飛行式雲霄飛車放聲尖叫

感覺就像飛在空中般的好萊塢美夢・乘車遊

大家都喜歡的小小兵

20:00 Dinner! 在大阪的日本環球影城步行街吃飯

白天晚上都好拍

也有大阪美食的美式商場！

住宿於鄰近・市街上的飯店

第3天 先決定好主題，再稍微變化一下吧♪

PLAN A 逛街購物之旅

POINT
從中之島公園到大阪站，步行只要花15分鐘左右，不妨在御堂筋悠閒地散步吧！

8:00 吃早餐

用美味的早餐來充電

Café Tokiona >>P.55

9:00 到中之島公園周邊散步

在河畔爽快散步

11:00 在LUCUA osaka & GRAND FRONT大阪購物

買一個給自己當紀念♪

LOVERARY by FEILER >>P.97

13:00 Lunch! 午餐

ビフテキ重・肉飯ロマン亭 EKI MARCHÉ大阪店 >>P.45

仏蘭西料理 ネスパ >>P.42

15:00 登上梅田藍天大廈的展望台

享受從空中庭園展望台看出去的360度絕景！

梅田藍天大廈 >>P.86

PLAN B 前往新舊景觀展望台

POINT
大阪城公園站和天王寺站、鶴橋站都是JR大阪環狀線的車站，因此移動非常方便。

10:00 漫遊大阪城公園&登上天守閣

大阪城天守閣

大阪城 >>P.72

12:00 Lunch! 在JO-TERRACE OSAKA吃午餐

大阪城公園的新名勝

good spoon All Day Brunch & Dimer & BBQ Terrace >>P.73

15:00 登上阿倍野海闊天空大廈

日本第二高的300m大樓

阿倍野海闊天空大廈 >>P.80

17:00 於鶴橋品嚐韓國菜

充滿異國風情的韓國街

鶴橋商店街 >>P.94

PLAN C 以藝術&捧腹大笑讓人五感全開

POINT
從萬博紀念公園站到難波，可以搭乘單軌電車到千里中央站，再從那裡轉搭地鐵御堂筋線。

9:30 在萬博紀念公園和太陽之塔面對面

岡本太郎的代表作太陽之塔

照片提供：大阪府

萬博紀念公園 >>P.23

13:00 Lunch! 在道頓堀享用御好燒午餐

來吃個麵粉料理

道頓堀 お好み焼 美津の >>P.32

14:30 去難波豪華花月劇場觀賞喜劇

現場的裝傻和搞笑連發讓人捧腹大笑

難波豪華花月劇場 >>P.120

18:00 到新大阪EKI MARCHÉ購買伴手禮！

尋找伴手禮的好去處

EKI MARCHÉ新大阪 >>P.114

大阪市中央公會堂

おおさかしちゅうおうこうかいどう

»P.84

從古典到浮誇、時髦現代
大阪擁有極為多元化的面貌。
嶄新的發現讓人既興奮又期待♪

咖啡廳@河畔 × 充電空間

於美好的地點獲得療癒♥

目前大阪最熱門的就是北濱的河畔地區。露天風格的咖啡廳可以讓你的咖啡時光更加升級。

LOCAL's ADVICE

現居大阪攝影師 Takashi Minekura

在江戶時代號稱「東洋威尼斯」、作為水都而繁榮興盛的大阪。目前中之島公園周邊的河畔區域正在重新整備，作為新潮流和文化的發祥地而受到廣大的關注。不僅如此，人潮滿滿的理由之一，也是因為這裡是咖啡廳的激戰區。可以就近眺望中之島公園的露天座位開放感絕佳，讓人忘記自己現在正身處於都市的中心。充滿品味的空間和菜單也很豐富，不管怎麼拍都很漂亮，因此上傳到社群網路上分享的人也絡繹不絕。

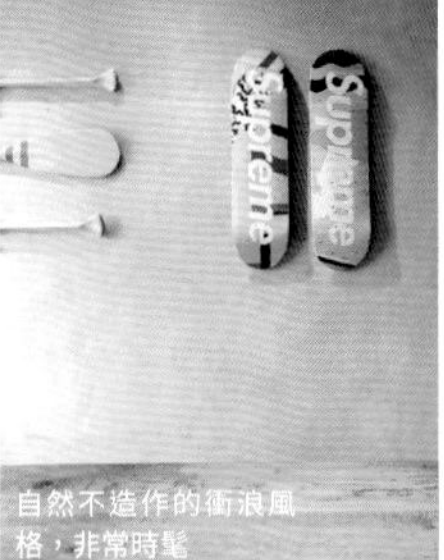
自然不造作的衝浪風格，非常時髦

& ISLAND

アンドアイランド

可以從廣闊的水邊露天座位正面眺望大阪市中央公會堂，地理位置絕佳。店內裝潢走美國西海岸風格，洗鍊又時髦。有許多會讓人聯想到海外的菜色，從午餐、晚餐、再到酒吧，深深抓住了許多不同年齡層的顧客的心。

北濱 ▶ MAP 附錄 P.13 A-1

☎06-6233-2010 休 無休

🕒11:00～21:00（飲品為～21：30） 📍中央区北浜2-1-23

🚶地鐵北濱站19號出口即達

P 無

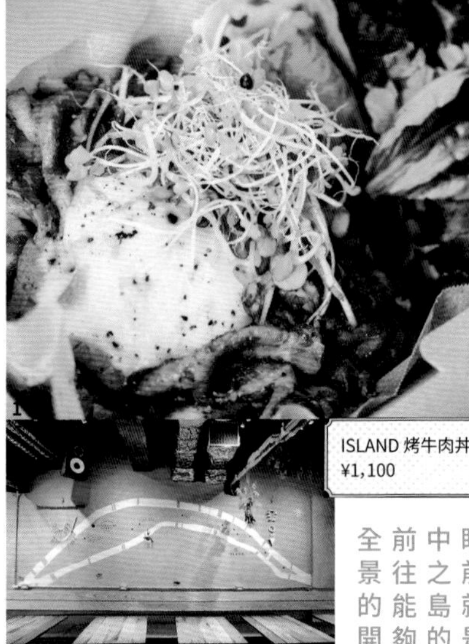

ISLAND 烤牛肉丼
¥1,100

眼前就是中之島的復古建築！前往能夠眺望美麗全景的開放區域

1.分量滿點的烤牛肉丼是人氣午餐
2.水泥牆面上描繪的中之島地圖
3.食物和飲品都可外帶

氣派的大阪市役所

萬神殿風格的建築、極為精緻的大阪府立中之島圖書館

新文藝復興風格、華麗非凡的大阪市中央公會堂

& ISLAND的露天座位區塊寬廣度為大阪第一。不分季節都會讓人想要坐在外面的絕景就近在眼前

一手拿著手沖咖啡，在河畔度過悠閒時光

共有5桌的露天座位

從二樓座位也能眺望美麗的河面。也有地下室座位，氣氛各異其趣。

深培咖啡	¥495
起司蛋糕	¥440

可以喝到名古屋「coffee Kajita」的精品咖啡

MOTO COFFEE
モトコーヒー

極簡設計與時髦風格非常受到品味高雅的顧客喜愛，是北濱河畔咖啡廳的先驅。 可以在河岸邊的特別座位上品嚐手沖的深培咖啡和自家製甜點。

北濱 ▶ MAP 附錄 P.13 A-1

☎06-4706-3788 休不定休 🕒11:00～17:30 📍中央区北浜2-1-1北浜ライオンビルディング 🚶地鐵北濱站23號出口即達 P無

位處都會卻猶如身在度假勝地！擁有許多相當上鏡的菜色

面向中之島公園的露天座位，可以悠閒地眺望河川和綠地

英式馬芬上面擺的是各式配料和水波蛋

班尼迪克蛋（菠菜＆培根）¥1,980

鬆餅（莓果多多）¥1,980

有大量水果的鬆餅讓人興奮又開心

NORTH SHORE
ノースショア

位於河畔的餐廳。由蔬果店「hanafru」所企劃開設，因此有許多擺放大量蔬菜和水果、健康滿點又適合上傳社群軟體的餐點。可以吃到美味的早餐及午餐。

北濱 ▶ MAP 附錄 P.13 A-1

☎06-4707-6668 休不定休 🕒7:00～18:00 📍中央区北浜1-1-28 ビルマビル1・2F 🚶地鐵北濱站26號出口即達 P無

日本環球影城的小小兵×嗨翻天

Special 2

可愛度破表！

說到現在樂園裡最受矚目的就是小小兵。前往世界最大的嗨翻天樂園吧！

LOCAL's ADVICE

現居大阪模特兒
Junko Ishida

完整呈現小小兵世界的小小兵樂園。左看右看都是可愛的小小兵，讓人忍不住想要拿起相機留下畫面。商店的牆壁或天花板等處也藏有隱藏的小小兵，不妨嘗試把他們給仔細地找出來吧！此外，還有季節限定的商品和美食，一定不能錯過喔！

這些黃色小傢伙的真面目是!? 分析小小兵

Hair	髮型各不相同
Brain	大腦和花生殼差不多大小!?
Goggles	焊接用的護目鏡是必需品
Eyes	有單眼和雙眼的
Teeth	齒列很整齊!
Shoes	類似安全靴的外型
Wear	防水連身服

生態
喜歡香蕉。目前集體生活在神偷格魯的家

性格
忠誠卻又喜歡惡作劇。生活意義就是效忠世上最強的大壞蛋

履歷
曾經效忠過古今東西的壞蛋，但都無法長久

實際前往現場看看吧！

event 1

來挑戰乘坐式遊樂設施！

好緊張

踏進格魯住家兼研究室的建築物，前往乘坐式遊樂設施的搭乘處。

由巨大圓形螢幕放映出充滿臨場感的影像！感覺就像身歷其境般，讓人超興奮！

小小兵瘋狂乘車遊

搭乘飛車展開訓練！為了成為獨當一面的小小兵，展開一連串瘋狂的體驗！

日本環球影城

ユニバーサル・スタジオ・ジャパン

呈現電影世界的主題樂園。園內有紐約區域、侏儸紀公園等，總計分為10個區域。每個區域都依循不同的世界觀，設置街景、商店和遊樂設施等等。

灣區 ▶MAP 附錄P.3 C-4

»資訊請見P.116

真可愛

event 2 發現隱藏小小兵！ Discovery

店裡也有！
「甜蜜俘虜」的外牆上就有開心玩樂的小小兵。商店的天花板上也有喔♪

餐車上也有！
園區入口處的爆米花餐車「POP-A-NANA」上面也有小小兵！

噴水池和入口處也有！
立體的小小兵是拍攝紀念照的絕佳景點！可以拍出可愛的照片。

C'mon C'mon!

好興奮

event 3 遊戲區可以獲得獎品！ Game

在小小兵樂園中，有2個可以輕鬆遊玩的遊戲區。挑戰成功的話就可以獲得獎品喔！

讓香蕉飛起來！
這是用榔頭敲打按鍵、讓香蕉飛出去的遊戲。

香蕉卡巴那 5次 ¥1,500
如果讓香蕉飛進椰子容器裡就能獲得獎品。

跟電影一樣的遊戲
重現在電影《神偷奶爸》裡登場的遊樂園中的火箭炮遊戲。

狙擊手 4次 ¥1,500
若能一次將6個罐子全部擊落就能獲得獎品。

小小兵最棒♪

event 4 伴手禮和美食也有許多小小兵！ Shopping

有許多獨家商品只能在小小兵樂園裡買到，一定不能錯過喔！

設計超可愛♪
從雜貨到文具，有許多時尚的設計商品。

1. 口香糖機
2. 玩偶 3. 小小兵的環保袋
4. 護手凝膠組(3個)

Sweets

「Delicious Me！The Cookie Kitchen」的夾心餅乾超受歡迎

1. 剛做好的小小兵夾心餅乾
2. 超人氣的提姆夾心餅乾

 ※ 遊樂設施或表演可能會無預警變更或中止。舉辦日期和時間請上官方網站進行確認。※ 菜單及商品售價或設計、販賣店鋪等可能會無預警變更。商品售完還請見諒。※ 以上為 2022 年 8 月時的資訊。

在萬博紀念公園來趟

藝術×時空之旅

與太陽之塔面對面

由廣受大阪人喜愛的岡本太郎所設計的太陽之塔。現在讓我們時空跳躍到太陽之塔誕生的昭和45(1970)年吧!

昭和45(1970)年，大阪舉辦了日本萬國博覽會(大阪萬博，又稱大阪世界博覽會)。作爲象徵區主題展示的一部分，藝術家岡本太郎製作出太陽之塔這個巨大藝術品。它直到現今都是大阪的地標之一，其震撼力與毫不褪色的藝術之美依然讓許多人為之著迷。此外，各位還能在「EXPO'70萬博展覽館」內體會大阪萬博舉辦當時的熱鬧活力與感動。館內展示了獨一無二的資料及照片，跨越時空重現當時令人驚訝不已的美感及輝煌。

LOCAL's ADVICE

現居大阪雜誌撰稿
Yuki Kushimoto

什麼是太陽之塔?

作為大阪萬博主題館的一部分所打造，也是藝術家岡本太郎的代表作。以貫穿過去、現在和未來所產生的萬物能量為象徵，並且表現了生命及祭典的中心。

太陽之塔的內部是?

太陽之塔內部的1樓到頂樓，從大阪萬博閉幕後就沒有對外開放。在進行耐震工程的同時，也一併將「生命之樹」、「地底之太陽」等展示物重製、修復，2018年才又重新對外開放。目前可透過太陽之塔官方網站進行預約(收費，以預約優先)。

象徵「未來」的黃金之臉，直徑約10.6m

背面也有一張臉!這是象徵「過去」的黑太陽

代表「現在」的太陽之臉，直徑約12m

什麼是大阪萬博?

昭和45(1970)年舉辦的日本萬國博覽會，除了有世界76國、4個國際機構參與展出之外，日本國內也有28個團體及企業參展。在為期183天的舉辦期間，入場人數高達6400萬人，是足以名留青史的超大型活動。

照片提供:大阪府

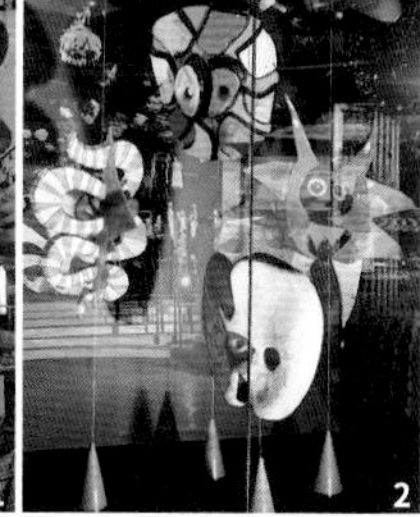

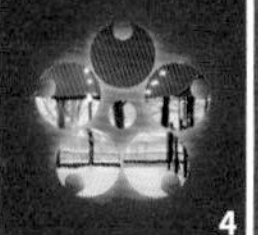

前往能夠時空跳躍到70年代的EXPO'70萬博展覽館

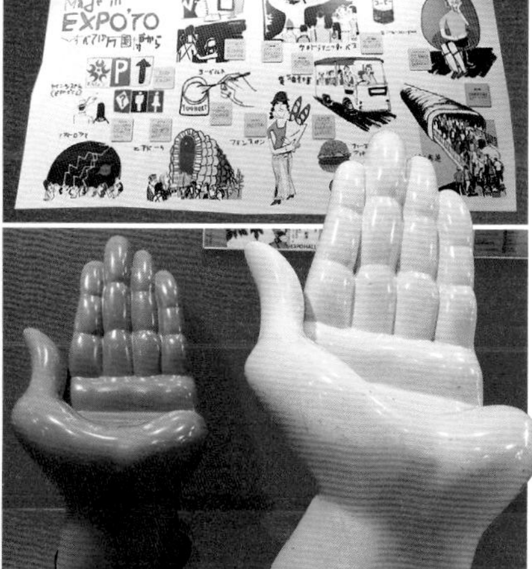

1.由1008個擴音器播放音樂與雷射燈光的演出，在當時極受歡迎的空間劇場 2.重現太陽之塔內部 3.以紙工藝重現當時的模樣 4.由大高猛所設計的主視覺LOGO與紅色的空間呈現出時尚氛圍 5.2樓的常態展示區展示了約3000件資料、照片與影像 6.現在司空見慣的事物，有很多都是昭和45（1970）年才開始出現的 7.由岡本太郎製作的手椅。手掌會輕柔地包覆身體 8.太陽之塔會出來迎接 9.大阪萬博當時的象形符號 10.各展館接待人員的制服。展現了迷你裙全盛期才有的可愛感

EXPO'70萬博展覽館

エキスポ'70パビリオン

利用昭和45(1970)年舉辦大阪萬博時的設施作為展示館。有各展館的介紹、會場的模樣、制服等許多令人懷念的展示。也有販售原創商品。

MAP 附錄P.2 A-2

☎0120-1970-89 休週三（以萬博紀念公園為準） 🕒10:00～16:30 ¥210円（國中生以下免費）

※展示品會視季節進行更換

趕快來入手太陽之塔的商品吧！

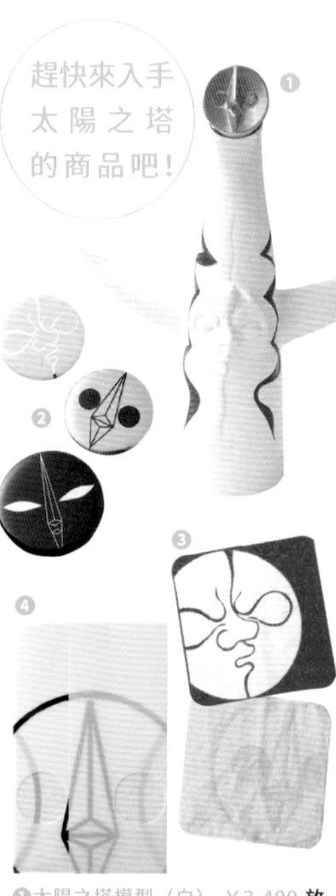

❶太陽之塔模型（白） ￥2,400 放在桌上擺飾，隨時沉浸在萬博氣氛中 ❷徽章 各￥420 將太陽之塔的3張臉做成徽章，可以當成重點裝飾 ❸小毛巾 各￥550 令人印象深刻的小毛巾，有3種顏色 ❹三折資料夾（黃金之臉） ￥360 迷你輕巧、方便攜帶的透明資料夾
（於太陽之塔內的博物館商店、EXPO GOODS STORE販售）

萬博紀念公園

ばんぱくきねんこうえん

過去是日本萬國博覽會（大阪萬博／EXPO'70）的舉辦地，佔地面積共有65個甲子園球場那麼大，是個綠意豐饒的公園。為了觀賞岡本太郎的作品太陽之塔，日本全國各地都有粉絲慕名前往。

吹田市 ▶ MAP 附錄P.2 A-2

☎0120-1970-89 休週三（逢假日則翌日休、4月1日～黃金週、10・11月無休） 🕒9:30～16:30 📍吹田市千里万博公園 🚶大阪單軌電車萬博紀念公園站步行約5分 ¥260円／中小學生80円（自然文化園・日本庭園共通收費） P4300輛

地點絕佳！

地標×視野良好的店

盡情享受大阪獨有的景色與料理

光是去玩是不夠的！
在能看見地標全景的座位上眺望
大阪自豪的建築之美吧！

LOCAL's ADVICE

現居大阪插畫家 Yutaro Yama

許多人都會造訪大阪城和阿倍野海闊天空大廈，但其實能夠看到這些建築物全景的咖啡廳和餐廳也是隱藏的人氣景點。正因為拉開了距離，所以更能欣賞到它們的建築之美，不管看再久都不會膩。可以看見它們不被大阪的喧囂所埋沒、堂堂正正聳立模樣的露天座位，絕對是特等席沒錯。在挑選餐廳時，要不要把能看見大阪地標的店家也列入候補呢？

Special 4

Nice view

能眺望阿倍野海闊天空大廈的SPOONBILL

湊町河畔

MOULiN

ムーラン

可以邊用餐邊眺望整面河畔景緻的餐廳，能夠享用種類豐富的葡萄酒以及講究蔬菜的法式、義式料理。夏天也會舉辦期間限定的啤酒花園。

難波 ▶ MAP 附錄P.16 B-4

06-6532-9880 休無休 11:30～21:00(22：00打烊) 西区南堀江1-5-26 キャナルテラス1F 地鐵難波站26-C出口步行5分 P無

午餐和晚餐都網羅了當季的食材來製作料理

在河畔獨享映照於水面的奇幻光影

在免費參觀的展示室「特別史蹟 大阪城跡」內會介紹歷史等資訊

提供使用當地食材製作的創作料理等只有在此才能吃到的菜色

在歷史與文化的薰陶下，前往能眺望大阪城的特等席

「crossfield with TERRACE LOUNGE」(料理僅供參考)

「BLUE BIRDS ROOF TOP TERRACE」

大阪城

MIRAIZA OSAKA-JO

ミライザオーサカジョウ

由舊第四師團司令部廳舍翻修而成的複合設施。保留了創建當時的彩繪玻璃及樓梯等，可以在留存創建時韻味的空間裡享受義式料理和BBQ。露天座位可以一望雄偉的大阪城。

大阪城 ▶ MAP 附錄P.13 B-3

06-6755-4146(大阪城公園中心) 休不定休 視設施而異 中央区大阪城1-1 ミライザ大阪城 JR大阪城公園站步行15分 P無

阿倍野海闊天空大廈

SPOONBILL

スプーンビル

店內販售鮮花、植物、室內擺設等生活風格商品。也有併設咖啡廳，可以在綠意環繞的舒適空間內品嚐精心烘焙的咖啡和午餐。

天王寺 ▶ MAP 附錄P.21 C-3

06-6796-9186 休無休 11:00～22:00 天王寺区茶臼山町5-55 JR天王寺站即達 P563輛

外帶菜單的蒙布朗起司熱狗 ¥600 (午餐時間只要在餐點費用多加¥200就能附飲料)

使用大量水果的季節性甜點 ¥600～

用了超美味當季食材的季節義大利麵 ¥1,100～

在陽光灑落的咖啡廳度過悠閒時光

讓人很想分享美照

Special 5

社群網路×偶像級甜點

絕對能獲得大量按讚數

光是好吃還不夠！時尚女子想要的是還能大飽眼福的可愛甜點♡

在Instagram當道的現在，能不能拍出上相的照片也是選擇咖啡廳的重點。換個角度從正上方拍攝，能夠看清楚整個巧克力裝飾；或是手拿著飲料來拍攝，都能拍出現在最流行的感覺。亮度和背景也要有所講究，把最棒的一張照片投稿到社群網路上吧♪基於禮貌，也別忘了得先詢問店員是否能夠拍照喔。

LOCAL's ADVICE

現居大阪 20歲 大學生
Kaori Miyauchi

B 從杯中浮現的立體拿鐵拉花

平日限定 3D卡布奇諾 ¥734
共有6種拉花，不知會出現哪一款，讓人真期待！
※ 平日限定菜單

水果多到快要看不見吐司了！

C 上面淋有大量的肉桂風味莓果醬♪

莓果與奶油起司鬆餅
¥1,210（飲品套餐¥1,710）
鬆軟又濕潤的鬆餅，配上新鮮甜美的莓果

A **水果多多法式吐司** ¥1,700～
吸收了水果精華的吐司超美味。可以選擇2種水果醬

café & books bibliotheque大阪
カフェアンドブックスビブリオテークおおさか

店裡滿是書籍和雜貨，宛如圖書館般充滿沉穩氣息的咖啡廳。除了鬆餅等手作甜點之外，義大利麵等料理也很豐富。

大阪站前 ▶ MAP 附錄P.11 C-1
☎06-4795-7553 休 不定休（以E-ma的公休日為準） 🕒11:00～20:00
📍北區梅田1-12-6 E-ma B1
🚶JR大阪站中央口步行5分
P 無

Pancake Dining elk
パンケーキダイニングエルク

店裡的招牌是以全麥麵粉和蛋白霜做成麵糊後，再用燒烤盤煎烤而成的鬆軟特製鬆餅。還能享用塔可飯和咖哩等豐富的料理品項。

美國村 ▶ MAP 附錄P.17 C-2
☎06-6245-3773 休 無休
🕒11:00～19:00
📍中央區西心斎橋1-10-28 心斎橋Mマンション1F
🚶地鐵心齋橋站7號出口步行5分 P 無

FRUIT GARDEN 山口果物上本町本店
フルーツガーデンやまぐちくだものうえほんまちほんてん

經營3代的水果行老店。附設咖啡廳裡提供的水果三明治和淋有自製果醬的法式吐司都很受歡迎。刨冰使用將水果放入攪拌機製成的淋醬，是專門店才吃得到的美味。

谷町六丁目 ▶ MAP 附錄P.15 D-2
☎06-6191-6450 休 不定休 🕒10:00～18:30 📍中央區上本町西2-1-9
🚶地鐵谷町六丁目站3號出口步行7分
P 無

COLONY～季節蛋糕House～什錦水果 ¥1,180

從講究的海綿蛋糕和酥脆的餅乾，再到鮮奶油、醬汁等，全部都是手工製作的招牌商品

D

總是大排長龍！草莓甜點專賣店的刨冰

草莓刨冰(數量限定) ¥1,650※6月中旬～9月中旬為止※可能會視季節變換水果

草莓風味的鮮奶油，加上米香做成的種籽和蛋白霜餅乾做成的蒂頭，全部都可以吃哦！

F

不論味道或外觀都無可挑剔，緊緊抓住少女心不放

草莓與開心果的～蓮花～百匯 ¥2,180

可以吃到日本產草莓與香草、草莓、開心果冰淇淋的奢華百匯

E

質地輕盈、入口即化，讓人欲罷不能♡滋味濃郁的霜淇淋

霜淇淋 ¥380

基本款的牛奶霜淇淋。也有販售其他口味的冰淇淋（單球）￥380

牛奶＋Topping 碎餅乾 白巧克力 ¥560

以可可餅乾碎屑和白巧克力作為配料

牛奶＋Topping 覆盆子醬汁 ¥470

淋上濃稠的覆盆子醬汁，NO.1 的美食照

COLONY by EQI

コロニーバイイーキューアイ

以甜點師傅發揮職人技巧與玩心製作而成的甜點博得人氣的咖啡廳。招牌商品BOX蛋糕的外觀自不用說，口感和甜味的平衡也恰到好處，拍起照來超吸睛。

美國村 ▶ MAP 附錄P.17 C-3

☎06-6224-0061 休無休 ⏰11:00～23:00 ♀中央区西心斎橋2-12-14

地鐵心齋橋站7號出口步行6分

P無

GUFO

グーフォ

位於堀江的霜淇林專賣店。有牛奶和榛果2種口味的霜淇淋可選擇，再從約12種的醬汁和酥脆配料中挑選，客製成自己喜歡的口味。

堀江 ▶ MAP 附錄P.16 B-2

☎06-6534-7171 休週三

⏰12:00～19:00

♀西区北堀江1-11-9

地鐵四橋站6號出口步行3分

P無

STRAWBERRY MANIA

ストロベリーマニア

嚴選當季最美味的草莓，製作出最繽紛的甜點。1樓為外帶區，2樓則是咖啡廳，也有只限內用才能吃到的百匯或刨冰等品項。

心齋橋 ▶ MAP 附錄P.17 D-3

☎06-6226-7975

休無休 ⏰12:00～18:00(1樓外帶為11:00～21:00)

♀中央区心斎橋筋2-7-26

地鐵心齋橋站6號出口步行即達 P無

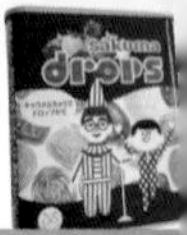

就算不是大阪大嬸也一定會喜歡

糖果×超可愛

Special 6

「要吃糖果嗎？」這句話可是大阪人交流溝通的第一步。據說只要在包包裡放入這個神器，就連不認識的陌生人也能在不知不覺間敞開心房、變成朋友，真是不可思議！大阪的糖果歷史極為悠久，據說早在奈良時代就已

小小圓圓的一顆滿載幸福的糖果。還有大阪限定的設計款，最適合當成伴手禮！

LOCAL's ADVICE

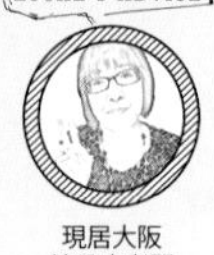

現居大阪
精品店老闆
Masako Sumi

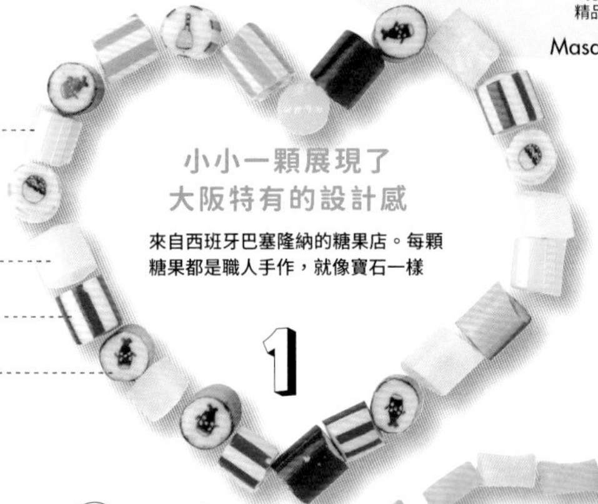

1 小小一顆展現了大阪特有的設計感

來自西班牙巴塞隆納的糖果店。每顆糖果都是職人手作，就像寶石一樣

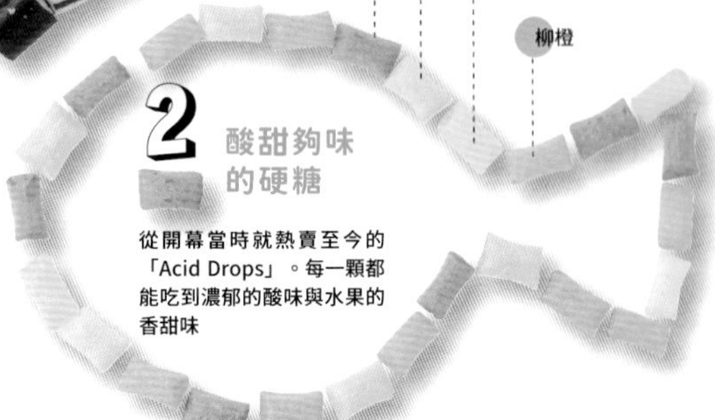

鳳梨　蘇打　草莓　葡萄

2 酸甜夠味的硬糖

從開幕當時就熱賣至今的「Acid Drops」。每一顆都能吃到濃郁的酸味與水果的香甜味

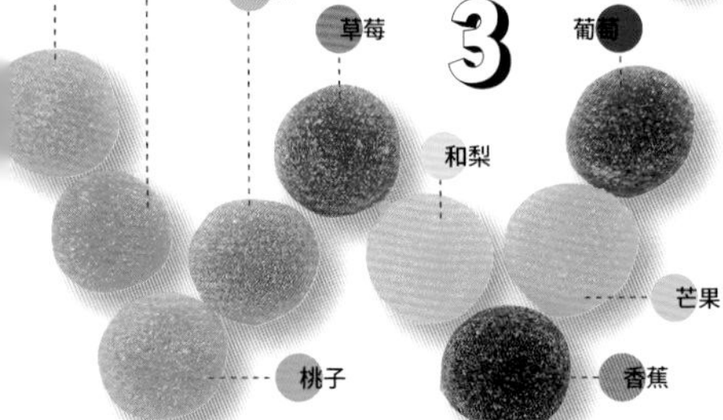

覆盆子　蘋果　檸檬　柳橙

3 獨特口感讓人欲罷不能

Q黏口感魅力十足的水果軟糖。外層撒上特製的酸粉，入口瞬間就能感受到清爽的酸味

西洋梨　柳橙　蘋果　草莓　和梨　葡萄　芒果　桃子　香蕉

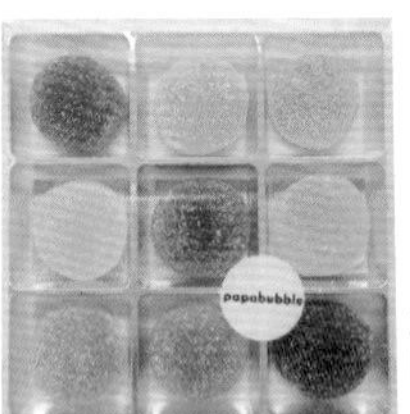

3.
BUBBLETS軟糖（9顆入）¥1,150

2.
Acid Drops ¥560

1.
大阪限定款
大阪MIX Bag ¥670
S JAR ¥980

PAPABUBBLE(1・2・3)

パパブブレ

大阪站前 ▶ MAP 附錄P.8 A-4
06-6151-1162　休 不定休
10:00～21:00　北区梅田3-1-3 LUCUA 2F
直通JR大阪站　P 無

經開始製糖了。即便是現在，UHA味覺糖、NOBEL製菓、Pine等規模大大小小的糖果專門製造商都將總公司設在大阪，這也是讓糖果與大阪的關係如膠似漆的技巧。來吧，現在就購入喜歡的糖果，擴展自己的交友圈吧！

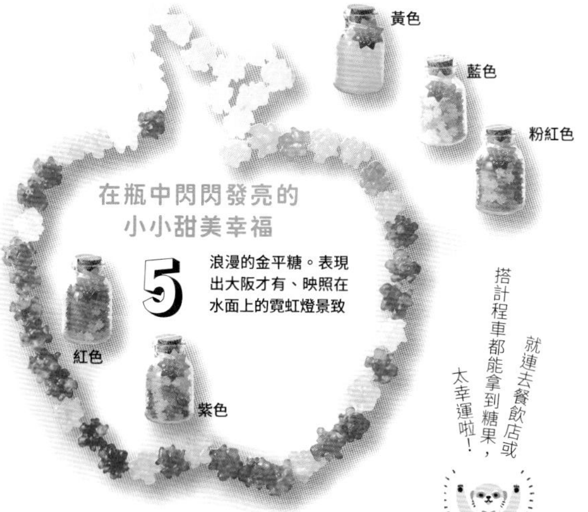
黃色
藍色
粉紅色
紅色
紫色

在瓶中閃閃發亮的小小甜美幸福

5

浪漫的金平糖。表現出大阪才有、映照在水面上的霓虹燈景致

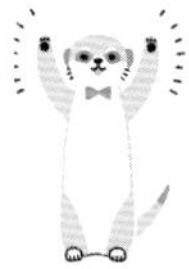
就連去餐飲店或
搭計程車都能拿到糖果，
太幸運啦！

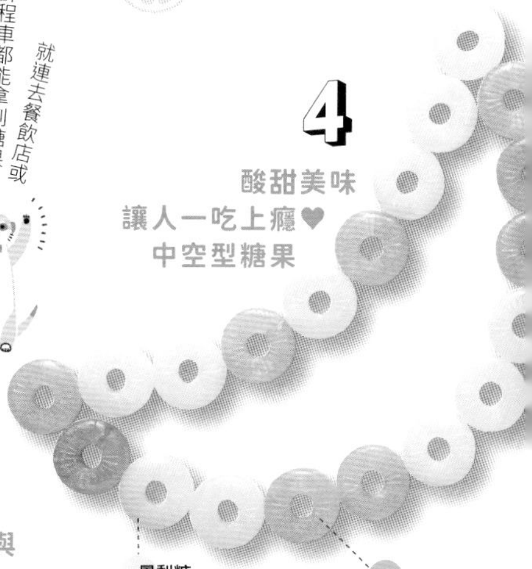
鳳梨糖
柳橙糖

4

酸甜美味 讓人一吃上癮♥ 中空型糖果

鳳梨糖：將70年代前位列高級食材的鳳梨罐頭滋味完美重現的長銷型糖果

柳橙糖：特殊的中空甜甜圈型果，口味是新鮮又清爽汁的柳橙

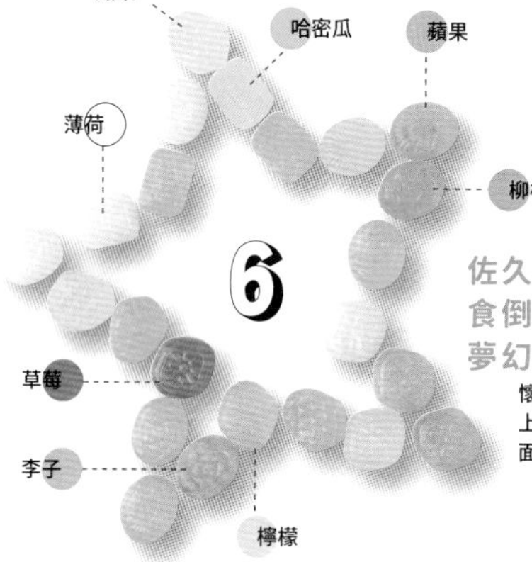
鳳梨
哈密瓜
蘋果
薄荷
柳橙
草莓
李子
檸檬

6

佐久間水果糖與食倒太郎的夢幻組合！

懷念的古早味水果糖罐上出現了食倒太郎！兩面畫有不同的插圖

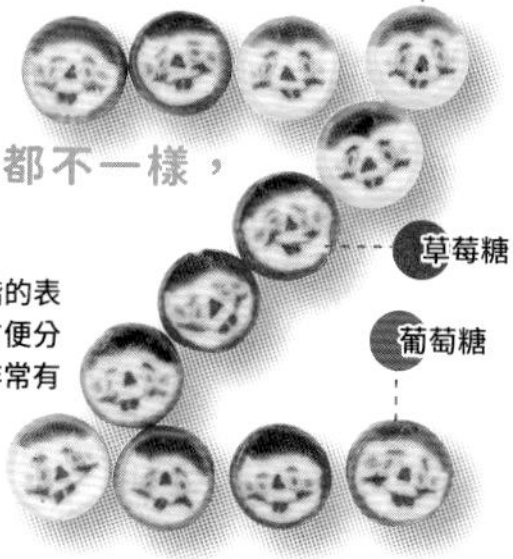
檸檬糖
草莓糖
葡萄糖

7

每一顆的表情都不一樣，非常有趣

將「ちょろけん」詼諧的表情做成千歲飴。為了方便分享而採用個別包裝，非常有大阪風格

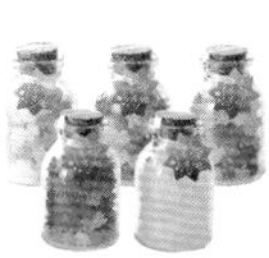

5. **金平糖 minamo neon**
各¥594

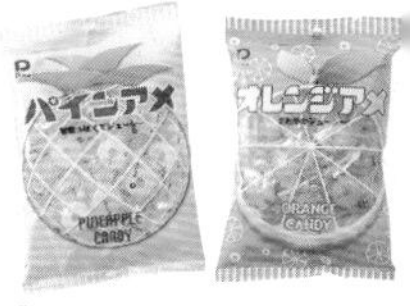
パインアメ
PINEAPPLE CANDY
オレンジアメ
ORANGE CANDY

4. **鳳梨糖、柳橙糖**
120g 各￥162

サクマ
ドロップス

6. **食倒太郎 佐久間水果糖**
¥380

NANIWA CHOROKEN
choroken candy

7. **浪速ちょろけん ちょろけん糖**
12袋入 ¥594

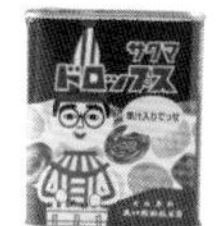

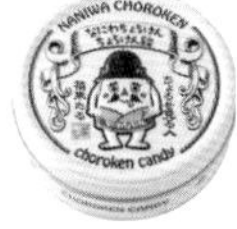

なにわ名物 いちびり庵 道頓堀店(5・6・7)

なにわめいぶついちびりあんどうとんぼりてん

道頓堀 ▸ MAP 附錄P.18 B-1

»資訊請見P.105

Pine株式會社(4)

パインかぶしきがいしゃ

http://www.pine.co.jp
在超市、便利商店也可買到

GOOD MEAL, GOOD TIME

The best of Osaka Gourmet!

被稱為「天下的廚房」的大阪不僅有許多美食，時髦的室內設計和極為上相的料理也不容錯過。在此獻上絕對會讓人滿足的大阪美味之旅提案。

P.32

王道美食

The大阪名物御好燒

P.44

還是最喜歡吃肉！

以肉料理午餐來補充精力

P.46

義式料理的激戰區就在大阪

品嚐義大利人主廚傾注全力的作品

P.54

怎麼拍都好看！

裝潢超漂亮的網美空間咖啡廳

P.62

續攤喝酒好歡樂

在福島的巷弄裡來場酒吧巡禮

...and more

P.48
餐點漢方藥!?
充滿刺激魅力的香料咖哩

GOURMET

王道美食

The大阪名物 御好燒

Okonomi Yaki

去大阪最想吃的美食NO.1就是御好燒。在此介紹讓人即便排隊也想嚐看看的王道店鋪。

大排長龍人氣店的 奢華御好燒

山藥燒 ¥1,680

在不使用麵粉的100%山藥糊中，放入了大塊的干貝和厚切豬五花等豪華的配料

道頓堀 お好み焼 美津の

どうとんぼりおこのみやきみづの

從昭和20(1945)年創業以來就只在道頓堀營業，因此只有來這裡才能吃到。有許多菜色都是使用獨創的麵糊以及跟在地專賣店進貨的高品質食材製作而成。招牌的山藥燒不使用麵粉，只用山藥，入口後輕盈蓬鬆，到途中會變得焦香酥脆，口感富有變化。從34年前推出以後就一直是人氣第一的菜色。

請過來嚐嚐看山藥滿滿的獨創麵糊吧！

店面就位於道頓堀的主要街道附近

道頓堀 ▶ MAP 附錄P.19 C-1

06-6212-6360 休 無休 11:00～20:00

中央区道頓堀1-4-15

地鐵難波站15號出口步行5分 P 無

美津の燒 ¥1,450

放入豬肉、花枝、蝦子，干貝，章魚等6種配料的綜合燒

要怎麼吃呢?

老饕會先將御好燒切成格子狀後，再用小煎鏟挖來吃。實際上要怎麼吃都沒關係，當然也可以使用筷子。

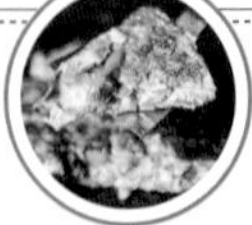

蔥燒

在薄薄一層的麵糊裡加入大量青蔥。特製的醬油醬汁更能凸顯味道。

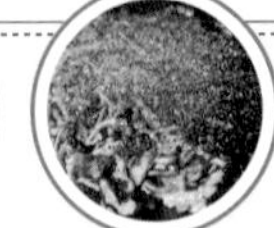

摩登燒

這是在御好燒裡加入炒麵的品項。吃起來分量十足。

豬肉蛋

招牌中的招牌，油脂的美味會滲入麵糊，吃起來更香醇。

& MORE

What's 御好燒?

名稱的意思是「放入喜歡的東西煎來吃」，因此配料的組合可以說是無限大。

光是梅田一帶就有4間店鋪

お好み焼 ゆかり 曽根崎本店

おこのみやきゆかりそねざきほんてん

昭和25(1950)年創業。不論麵粉、醬汁還是麵條都是自家原創。麵糊和美乃滋裡還使用了「ヨード卵」這種品牌雞蛋等，處處都看得到店家的講究。起司燒等特殊口味也頗受好評。

梅田 ▶ MAP 附錄P.11 C-1

06-6311-0214 休 不定休
11:00～22:00 北区曽根崎2-14-13 JR大阪站御堂筋口步行5分 P 無

おかる

昭和21(1946)年創業，從以前就廣受大阪藝人的歡迎。目前由個性爽朗的第2代老闆娘進行調理。簡單又讓人百吃不膩的古早味御好燒，味道的關鍵就在於甜味與辣味雙重醬汁的交融。

難波 ▶ MAP 附錄P.19 C-2

06-6211-0985
休 週四、每月第3個週三
12:00～14:30、17:00～21:30
中央区千日前1-9-19 地鐵難波站NAMBA Walk 22號出口即達 P 無

充滿昭和復古氣氛的店內也很有味道

燜煎得好鬆軟
御好燒上的趣味美乃滋藝術

特色是會蓋上蓋子燜煎，翻面後再於正中間壓一下

豬肉蛋
¥850

店鋪雖然在2樓，但入口是在1樓，要注意哦！

きじ

位於洋溢大阪熱鬧氣氛的新梅田食道街，從昭和25(1950)年創業至今，已經歷了3代。特色是會加入清爽的紫蘇來為御好燒提味。

梅田 ▶ MAP 附錄P.8 B-3

06-6361-5804 休 週日
11:30～21:30 北区角田町9-20 新梅田食道街 JR大阪站御堂筋口步行3分
P 無

御好燒的起源據説是來自於戰國時代的千利休在茶會上所提供的「麩の焼」。

GOURMET

王道美食
蔥燒&創意料理進階御好燒
Okonomi Yaki

即便通稱為御好燒，每家店的麵糊和醬汁也各有特色。來找出自己喜歡的口味吧！

蔥燒

1.以柔軟的麵糊結合保有爽脆口感的青蔥 2.建議挑選充滿現場演出氣氛的吧檯座 3.麵糊與青蔥的口味平衡，以及維持口感的火力調節都是絕妙

ねぎ焼 お好み焼き福太郎
ねぎやきおこのみやきふくたろう

只有吧檯座的本館跟有桌位的別館相鄰。只使用從契約農家進貨的食材，對蔬菜和肉品極為講究。絕妙的火力調節孕育出的口感也是高人氣的祕密。

難波 ▶ MAP 附錄P.19 C-2

06-6634-2951 休 無休
17:00～23:30(週六、週日、假日為12:00～23:00)
中央区千日前2-3-17
地鐵難波站4號出口步行5分 P 無

蔥燒

1.滿滿都是大阪特有的牛筋蒟蒻，甜甜鹹鹹的牛筋搭配醬油醬汁非常對味 2.臨近大阪站，地點絕佳，也可以外帶 3.使用大量的蔥花

ねぎ焼 やまもと 梅田EST店
ねぎやきやまもとうめだエストてん

蔥燒的起源據說是昭和40(1965)年左右，位於十三的本店初代女性店主爲小朋友們製作的非販售餐點。爲了發揮青蔥的風味與爽脆的口感，特別使用清爽的特製醬油醬汁來調味。

梅田 ▶ MAP 附錄P.9 C-3

06-6131-0118 休 不定休 11:30～22:00
北区角田町3-25 エストE27
JR大阪站御堂筋口步行5分 P 無

自助式

全店包廂的自助式御好燒店
／可以自己快樂動手做／

1.柴魚＆昆布高湯的風味加上糯米豬的鮮美，不管是味道還是口感都非常正統，讓人大大滿足。使用的是特製的雙重醬汁　2.能保有隱私的包廂就是高人氣的祕密　3.精心調配的麵糊能做出外表焦脆、裡面鬆軟的口感

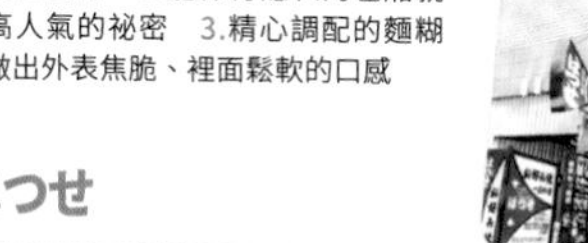

はつせ

爲了讓初體驗的顧客也能煎出美味的御好燒，使用調和4種麵粉的魔法麵糊。摻入切細的高麗菜，做出蓬鬆柔軟的口感。店內皆爲包廂，可以輕鬆地用餐。

難波 ▶ MAP 附錄P.19 C-2

☎06-6632-2267　休 無休
🕒11:30～23:00(週六、週日、假日為11:00～)
📍中央区難波千日前11-25
🚶地鐵難波站4號出口步行5分　P 無

創意

獨創的華麗御好燒
／適合搭配葡萄酒／

Petit Savoie
¥638

1.口感鬆軟的御好燒淋上大量的起司醬汁，再以番茄醬汁做美麗的點綴　2.以單杯計價的葡萄酒常備有30種。可以在氣氛輕鬆的吧檯座品嚐佳餚

花費4小時熬煮的多汁牛肋排，搭配微辣的黃芥末醬汁

赤白 阪急三番街店
こうはくはんきゅうさんばんがいてん

以法式關東煮大受歡迎的「赤白」所規劃的鐵板料理店。推出以法國地方為意象的御好燒等充滿玩心的鐵板料理而蔚爲話題。葡萄酒的陣容也很豐富。

梅田 ▶ MAP 附錄P.8 B-3

☎06-6376-5089　休 不定休(以阪急三番街為準)
🕒11:00～22:00
📍北区芝田1-13阪急三番街北館1F
🚶JR大阪站御堂筋口步行5分　P 無

はつせ的自助煎烤程序為：攪拌麵糊→煎豬肉片，切成小塊後放進麵糊中混合，進行煎烤→翻面→放上醬汁及配料。

GOURMET

就像點心一樣♪
大阪人的速食 章魚燒

Tako Yaki

想像吃點心那樣享用的章魚燒。來評比大阪人掛保證的5間王道店鋪吧！

甲賀流 本店

こうがりゅうほんてん

位於三角公園前，有許多年輕人，非常熱鬧

率先推出將酸味較低的特製美乃滋在章魚燒上澆淋成細密網狀的方式，轉眼之間就風靡了美國村的年輕人們。在加入7種高湯和山藥的麵糊裡，放入也會拿來製作生魚片或壽司的大塊彈牙章魚。章魚燒仙貝也不可錯過喔！

美國村 ▶ MAP 附錄P.17 C-2

☎06-6211-0519 休無休 ⏰10:30～20:30(週六、週日、假日前日為～21:30) 📍中央区西心斎橋2-18-4 🚶地鐵心齋橋站7號出口步行5分 P無

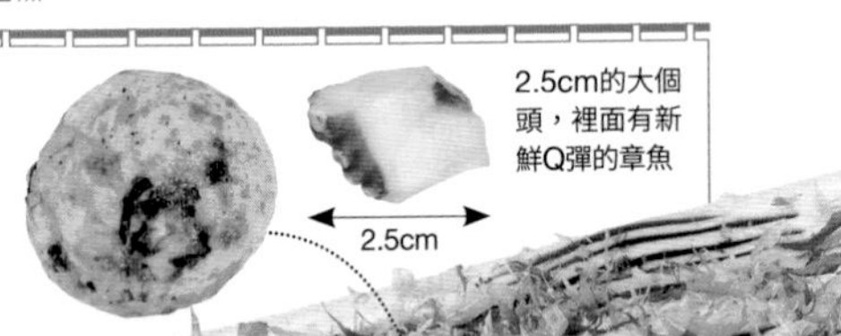

2.5cm的大個頭，裡面有新鮮Q彈的章魚

2.5cm

醬汁美乃滋 10顆 ¥500

鮮度超群的章魚和美乃滋 勇奪年輕人支持率第一

在大塊又彈牙的章魚與滋味柔和的麵糊上，淋上醬汁與美乃滋的招牌商品

從早到晚馬不停蹄地開工

蔥花柚子醋10顆／¥600

大量的蔥花與柚子醋，吃起來很清爽。是和醬汁美乃滋並列的人氣商品

柚子醋

蔥花

青蔥的風味絕妙！

黑胡椒鹽＆美乃滋10顆／¥550

黑胡椒口味再淋上檸檬汁的新感覺系。與美乃滋也非常對味

黑胡椒

清爽的大人口味！

美乃滋

可以輕鬆品嚐章魚燒！

明太子章魚燒仙貝／¥280

章魚燒仙貝（一般）／¥230

& MORE

有哪些種類？

一般是會加上醬汁、美乃滋、柴魚片和海苔粉等。對自家高湯有自信的店家，也會提供素燒或是鹽味。偏好清淡的人也很推薦柚子醋或是醬油風味。

章魚燒是如何誕生的？

昭和初期，原本販售收音機燒的「会津屋 本店」店主，在與顧客談論明石燒時獲得靈感，於收音機燒的麵糊裡加入了章魚，就成了後來的章魚燒。

会津屋 NAMBA Walk店

あいづやなんばウォークてん

冷掉也好吃的高人氣伴手禮

身為章魚燒創始店聞名的店家。繼承了初代店主熱心研究的的堅持，以濃縮了滿滿鮮味的麵糊來一決勝負。不斷改良的口味，深受男女老少的喜愛。

難波 ▶ MAP 附錄P.19 C-2

☎06-6212-1132　休 以NAMBA Walk為準
🕒11:00～21:30
📍中央区千日前1丁目NAMBA Walk 5-8号
🚶地鐵難波站步行5分　P 無

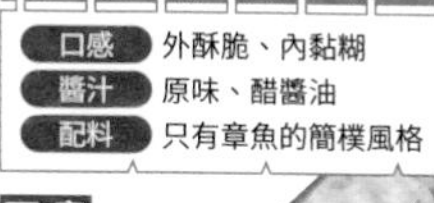

口感	外酥脆、內黏糊
醬汁	原味、醋醬油
配料	只有章魚的簡樸風格

將祕傳的調和麵糊烤成焦黃色。散發淡淡的醬油香氣，非常好吃

章魚燒的創始店，可以享受爽口的醬油風味

元祖章魚燒 12顆 ¥600

外皮酥脆、裡面黏糊的口感，祕訣就在於銅板！

章魚燒8顆 ¥350

能夠烤出外酥內糊的燒烤功力堪稱絕技

口感	外酥脆、內黏糊
醬汁	原味、醬汁
配料	只有章魚的簡樸風格

新世界かんかん

しんせかいかんかん

去通天閣觀光前後不妨順道前往吧！

位於新世界，只以醬汁口味一決勝負的章魚燒店。店主每個星期打磨的銅板熱傳導率極佳，能以絕妙的火候控制烤出美味的章魚燒。排隊的觀光客與地方人士總是絡繹不絕。

新世界 ▶ MAP 附錄P.20 A-2

☎06-6636-2915　休 週一、週二　🕒9:30～18:00（售完打烊）　📍浪速区恵美須東3-5-16　🚶地鐵動物園前站1號出口步行5分　P 無

やまちゃん2号店

やまちゃんにごうてん

光是天王寺就有3家店鋪

以雞骨為基底再加入10種以上的蔬菜和水果熬煮4小時的湯頭以及和風高湯所調配出來的麵糊，高湯風味是其特徵。想要品嚐鮮味的話，推薦不加醬直接享用。

天王寺 ▶ MAP 附錄P.21 C-4

☎06-6626-6680　休 不定休　🕒12:00～21:30（週六為11:00～22:30）　📍阿倍野区松崎町2-3-53　🚶JR天王寺站中央口步行5分　P 無

口感	外酥脆、內黏糊
醬汁	原味、蔥花、醬汁
配料	蔥花、蛋等

特別訂製的超厚鐵板，能烤出酥脆外皮。以風味醇厚的麵糊為賣點

可以直接品嚐講究的高湯風味的麵糊

BEST 8顆 ¥770

在銅板上熟練地燒烤，持續進化的理想章魚燒

章魚燒8顆 ¥600

口感	外鬆軟、內黏糊
醬汁	釜燒鹽味、高湯醬油、辣味醬汁、柚子醋
配料	蔥花、鹽生薑、天婦羅花

絕妙的燒烤功力，加上充滿昆布與柴魚風味的高湯，讓麵糊吃來極為鮮美

たこ焼道楽 わなか 千日前本店

たこやきどうらくわなかせんにちまえほんてん

難波豪華花月劇場就在隔壁

原本是在零食店的店頭販售章魚燒，之後不斷改良食材、醬汁、器具並持續進化，才擁有現今的高人氣。不論口感或高湯都是正統的好滋味。

難波 ▶ MAP 附錄P.19 C-3

☎06-6631-0127　休 無休　🕒10:30～21:00（週六、週日、假日為9：30～）　📍中央区難波千日前11-19
🚶地鐵難波站4號出口步行5分　P 無

大阪市內有超多美味的章魚燒店，特別是道頓堀更是章魚燒的激戰區。

GOURMET

禁止回沾！大阪的靈魂美食 炸串

Kushi Katsu

便宜！快速！美味！結合三種優點的庶民美食。一起來品嚐將豐富食材現炸的美味吧♥

嚴禁二次沾醬！

1.在眼前現炸的炸串，美味倍增　2.位於拱廊內，下雨天也能安心排隊

炸串

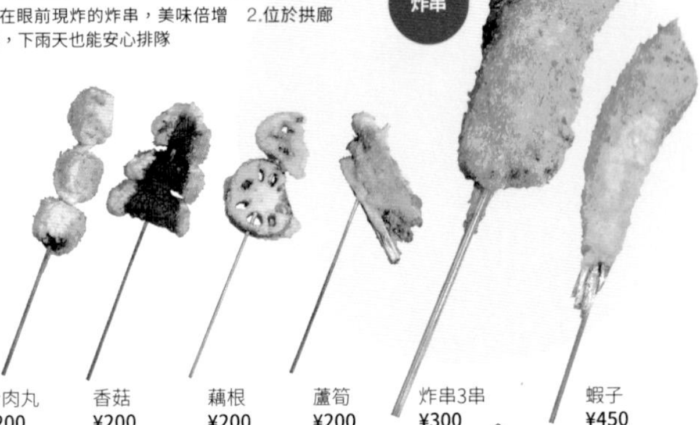

豬肉丸 ¥200

香菇 ¥200

藕根 ¥200

蘆筍 ¥200

炸串3串 ¥300

蝦子 ¥450

元祖炸串

元祖炸串 ¥143

新世界內還有其他3間連鎖店

醃漬鮪魚 ¥264

蘆筍 ¥132

非常下酒的土手燒 ¥440

在大阪各地都擁有分店。號稱「元祖炸串」的老舖

元祖串かつ だるま 新世界総本店

がんそくしかつだるましんせかいそうほんてん

即使沾醬後也能保有酥脆口感，祕密就在於細緻的麵衣與牛脂。與帶有甜味的醬汁超級對味，不管吃再多都不膩。也有套餐可以選擇，方便輕鬆點菜這一點令人欣喜。

新世界 ▶ MAP 附錄P.20 A-1

06-6645-7056　休 無休

11:00～22:00　浪速区恵美須東2-3-9　地鐵動物園前站1號出口步行5分　P 無

值得排隊等待、傳承古早味的名店

八重勝

やえかつ

位於新世界的鏘鏘橫丁內的人氣名店。從招牌品項到季節菜色，提供各式各樣豐富的食材。大塊食材裹上薄薄的麵衣，下鍋炸得酥脆的炸串，不論在食材、麵衣和炸法上都有其特殊的堅持。

新世界 ▶ MAP 附錄P.20 A-2

06-6643-6332　休 週四

10:30～21:00

浪速区恵美須東3-4-13

地鐵動物園前站1號出口步行5分

P 無

& MORE

為何嚴禁二次沾醬？

炸串吃過一口後，禁止「二次沾醬」是每一家店的共同規範。沾醬時只要快速地將整支炸串放入就行了，不夠的話再用高麗菜舀起醬汁淋上吧！

幾乎每家店都會提供切好的高麗菜，基本上都可以免費再續。

1.店內也有拼盤和啤酒套餐　2.本店位於梅田，是創業超過70年的老店

也有拼盤和啤酒套餐！位於南區地下街的正統美味

ヨネヤ 難波ミナミ店

ヨネヤなんばミナミてん

為了營造酥脆口感，在以粗粒麵包粉製成的特製麵衣中加入了生啤酒，輕盈酥脆的感受讓人欲罷不能。也會推出香魚或牡蠣等季節限定的食材。

難波 ▶ MAP 附錄P.18 A-2

☎06-6213-0938
休 奇數月的第3個週三
🕒11:00～21:40
📍中央区難波2-1-4 NAMBA Walk 1番街南通り
👣直通地下鐵難波站　P 無

1.也可以用桌上的高湯醬油或柚子醋來換換口味品嚐　2.店內的懷古風情很受歡迎，女性客人也很多

從白天就能暢飲啤酒 位於梅田地下街的人氣炸串店

串かつ 七福神

くしかつしちふくじん

位於梅田地下街，從ぶらり横丁搬遷過來的炸串店，即使搬家了人氣也絲毫不減。以細麵包粉融合蛋白霜製成的麵衣吃起來輕盈酥脆，跟使用紅酒調和而成的醬汁非常搭。

梅田 ▶ MAP 附錄P.11 C-2

☎080-1410-4177　休 無休
🕒11:30～22:30　📍北区梅田1-11-4 大阪駅前第4ビル B2　👣JR大阪站御堂筋口步行10分　P 無

※價格皆為未稅價

1.也有很多人是吃完正餐後，抱著吃點心的心情前往的　2.這裡採取先炸好，讓顧客自由取用的方式

位於車站附近的酥脆美味 充滿活力的立食形式

松葉総本店

まつばそうほんてん

位於新梅田食道街，擁有近50年歷史的老舖，是大阪北區頗具代表性的炸串店。加有高筋麵粉的薄薄麵衣以芥花油油炸後，口感輕盈酥脆又健康。搭配較甜的特製醬汁，契合度超棒。

梅田 ▶ MAP 附錄P.8 B-3

☎06-6312-6615　休 無休
🕒14:00～21:40（週六為11：00～，週日、假日為～21：10）　📍北区梅田角田町9-25 新梅田食道街1F　👣JR大阪站御堂筋口即達　P 無

說到等待炸串炸好前一定要點上一盤的，就是稱為「土手燒」的燉牛筋了。

GOURMET

盡情享受高湯風味♪ 品嚐大阪高湯文化的精髓烏龍麵

Udon

充滿柴魚與昆布鮮味的高湯是大阪烏龍麵最大的特色。連最後一滴也要細細品味。

極為入味的豆皮，配上清脆的蔥花更是畫龍點睛

MENU
豆皮烏龍麵
¥880

atsu atsu

MENU
桌袱烏龍麵
¥1,500

有蝦子、香菇、魚板等各種豐富配料的一道高雅餐點

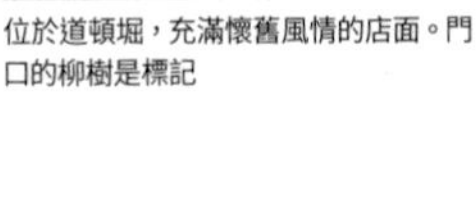

高湯

01 大手筆使用來自北海道黑口濱的天然昆布，再加上九州產的沙丁魚乾及青花魚乾等奢華食材

02 認爲「鮮度是高湯的命脈」，因此絕對不會先做好備用

03 親子丼（附湯）¥1,500等品項也很受歡迎

豆皮

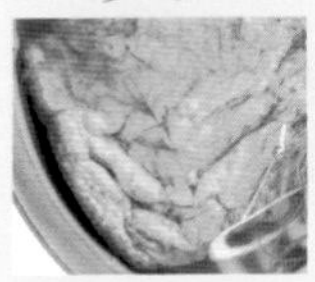
只要咬一口吸滿高湯的豆皮，高湯的鮮味就滿盈口中

＼喝一口就知道！／
與眾不同的金黃色高湯

位於道頓堀，充滿懷舊風情的店面。門口的柳樹是標記

道頓堀 今井

どうとんぼりいまい

位於掛滿浮誇看板的道頓堀正中央，充滿歷史風情的店面特別引人注目。被稱爲「高湯的今井」，其高湯的美味自然不在話下，廣受各個世代的喜愛。

道頓堀 ▶MAP 附錄P.19 C-1

06-6211-0319 休 週三
11:30～21:00 中央区道頓堀1-7-22
地鐵難波站14號出口步行5分 P 無

うさみ亭マツバヤ

うさみていマツバヤ

明治26(1893)年創業。使用來自熊本縣的麵粉和稚內的昆布等，所有食材都從產地訂購。麵條滑順Q彈，是古早味的大阪烏龍麵。與高湯更是絕配。

南船場 ▶ MAP 附錄P.14 B-1

06-6251-3339
休 週日、假日
11:00～18:00(週五、週六為～19:30) 中央区南船場3-8-1
地鐵心齋橋站1號出口步行7分
P 無

＼一定要吃一次／
豆皮烏龍麵的創始店

1.可以一次吃到烏龍麵和雜炊，是招牌料理之一 2.柔軟的麵條與甜甜的豆皮非常對味，是創始人在明治時代發想的 3.位於商人之街・船場的烏龍麵老店

御食事処 あさひ

おしょくじどころあさひ

＼擺上特大的蝦子／
發揮高湯風味的咖哩烏龍麵

幾乎所有客人都會點咖哩天婦羅烏龍麵。不會蓋過高湯的美味，卻能提取出咖哩的風味，恰到好處的平衡讓人感動。分量雖然多，但女性也能輕鬆吃完。

日本橋 ▶ MAP 附錄P.19 D-2

06-6641-3102
休 週日、假日
11:00～15:00
中央区日本橋1-16-2
地鐵日本橋站8號出口即達
P 無

foo foo

MENU
咖哩天婦羅烏龍麵
¥1,200

咖哩高湯和Q彈的炸蝦天婦羅，搭配帶有咬勁的烏龍麵

主要為吧檯座，桌位只有1桌

にし家 本店

にしやほんてん

＼在充滿和風意趣的店內／
以親民價格享受講究的料理

菜單品項豐富，可以吃到職人手作的講究高湯與口感Q彈的烏龍麵。也有大小不同的包廂。

心齋橋 ▶ MAP 附錄P.17 D-2

06-6241-9221
休 無休
11:00～22:30
(週日・假日為～21:30)
中央区東心斎橋1-18-18
地鐵心齋橋站5號出口即達
P 無

位於心齋橋筋商店街旁邊，地點相當便利

hoka hoka

MENU
壽喜燒定食
¥1,478

以自豪的高湯搭配彈牙的烏龍麵與牛肉一起燉煮的逸品

在大阪，「きつね」（狐狸）是指豆皮烏龍麵，「たぬき」（狸貓）是指豆皮蕎麥麵。

GOURMET

傳承舊日的古早味
老舖洋食店 不可錯過的好味道

Special Dish

挑嘴的大阪人熱愛至今的老舖洋食店。代代相傳的招牌料理，只要一吃就會上癮！

大阪名物「COLOPET」

已登錄商標的

COLOPET拼盤

¥1,350

以蒸發乳、洋蔥、麵粉製作而成的白醬吃起來濃郁且滑順

將法國的大眾料理以大阪風來製作的COLOPET

1.店內有1940年代的餐具及復古畫作，充滿古典氣息　2.午餐時段會擠滿附近上班族的人氣餐廳

仏蘭西料理 ネスパ

ふらんすりょうりネスパ

昭和24(1949)年創業的洋食店。以白醬裹上蝦子或牛肉油炸的創作料理「COLOPET」廣受歡迎，有很多慕名遠道而來的顧客。「COLOPET」有蝦子、牛肉、豬肉、雞肉等4種口味。

梅田 ▶ MAP 附錄P.11 C-2

06-6345-7089　休 假日、不定休　11:00～15:00、17:30～21:30（週六、週日為～21：00）　北区梅田1-1-3 大阪駅前第3ビルB2　JR大阪站中央口步行8分　P 無

自由軒

熱騰騰&香辣過癮

拌咖哩的始祖

名物咖哩

¥800

被稱為「薄口」的高湯就是味道的關鍵。配料樸實，只有洋蔥和牛肉而已

作家織田作之助曾經來店，在其作品中也有介紹

拌入生蛋享用，美味度會大大提升喔！

自由軒

じゆうけん

明治43(1910)年創業，是大阪第一家西式料理店。在沒有保溫容器的那個時代，為了提供熱騰騰的咖哩而發想了「將咖哩醬與白飯一起攪拌的方式」，而成為拌咖哩的起源。目前已是大阪的名物。

難波 ▶ MAP 附錄P.18 B-2

06-6631-5564　休 週一（逢假日則翌日休）　11:00～21:00（視情況可能會變動）　中央区難波3-1-34　地鐵難波站11號出口步行3分　P 無

1.裡面有中庭，宛如料亭般的氣氛也很棒　2.雖然位於美國村，店內卻充滿遠離喧囂的沉穩氣息

北極星
ほっきょくせい

大正11(1922)年創業，作爲蛋包飯的創始店而聲名遠播的洋食店。在使用2顆蛋做成的蛋包飯上淋上大量的番茄醬汁，吃一口就能感受到幸福。

美國村 ▶ MAP 附錄P.17 C-4

06-6211-7829　休 無休（12月31日、1月1日休）
11:30～21:00
中央区西心斎橋2-7-27
地鐵難波站25號出口步行8分　P 無

創業於昭和21（1946）年。目前已搬遷至Via Abeno walk

Grill Maruyoshi
グリルマルヨシ

可以輕鬆品嚐正統的歐風料理，是當地人經常光顧的人氣餐廳。從創業當時就不變的好味道備受喜愛。精心熬煮的燉牛舌跟高麗菜捲都是熱門料理。

阿倍野 ▶ MAP 附錄P.21 C-4

06-6649-3566
休 週二（盂蘭盆節、假日有營業）
11:00～15:00、16:30～21:30
阿倍野区阿倍野筋1-6-1 Via Abeno walk 1F
JR天王寺站中央口步行3分　P 無

有許多自由軒的老顧客都會把醬汁淋在咖哩上來吃，不妨也挑戰看看吧！

GOURMET

還是最喜歡吃肉！
以肉料理午餐來補充精力
Meat Lunch

多汁軟嫩的紅肉就是精力來源！午餐就決定來吃每一口都能讓人充滿元氣、美味至極的牛肉吧！

可以配合心情來改變調味也很有趣

1

MENU
橫隔膜肉排
(130g／200g)
¥1,300／¥1,870

這個也很推！
多蜜醬漢堡排(200g)
¥1,300
不使用雞蛋和麵粉加以固定、肉汁豐富的漢堡排

1.午餐時間（11～17時）會附湯品和白飯
2.一個人也能輕鬆吃飯的FOOD HALL。

柔軟肉質與和風醬汁的洗鍊口味，讓人大大滿足

1

MENU
烤牛肉丼
¥1,000

2

這個也很推！
牛排丼
¥1,700
使用美國的品牌牛，再淋上特製醬汁的豪華丼飯

1.以洋蔥和醬油為基底的醬汁清爽不膩口。雖然肉的分量不少，但一不留神就吃完了！ 2.氣氛沉穩的吧檯，飲料品項也很豐富

＼豐富組合的配料充滿魅力／
1 POUND STEAK&HANBURG TAKERU 阪急三番街店
いちポンドのステーキハンバーグタケルはんきゅうさんばんがいてん

位於阪急三番街北館地下2樓的UMEDA FOOD HALL，是大阪的人氣牛排館。鮮嫩美味的肉從小吃幾口到大口品嚐都能任君選擇。醬汁和香料等調味料的種類也很豐富。

大阪站前 ▶ MAP 附錄P.8 B-3

06-6485-2929 休 不定休 11:00～22:30 北区芝田1-1-3 直通阪急大阪梅田站 P 無

＼要排隊才吃得到的烤牛肉丼／
Red Rock 美國村店
レッドロックアメむらてん

以大排長龍的烤牛肉丼蔚為話題的餐廳。將腿肉以低溫慢慢烘烤而成的多汁軟嫩烤牛肉，再淋上特製的熬煮醬汁與優格醬，加上生蛋，美味的相輔相成讓人忍不住一口氣吃光光。

美國村 ▶ MAP 附錄P.17 C-3

06-6214-8119 休 無休 11:30～21:00 中央区西心斎橋2-10-21 スパジオビルディング1F 地鐵四橋站5號出口步行4分 P 無

MENU

ロマン亭錦膳

¥1,410

這個也很推!

大坂牛排重箱

¥1,180

半熟牛排淋上以醬油為基底製作的甜鹹醬汁，和白飯極為對味

1.擺進牛排肉與肉飯的名物重箱餐盒可以變化出各種味道。最後以高湯茶泡飯來收尾，清爽又解膩　2.以方便客人單獨用餐的吧檯座為主，充滿沉穩氣息的和式空間　3.在精肉販售區可以買到專業用的高級肉品

＼在車站附近品嚐肉多味美的餐點／

ビフテキ重・肉飯　ロマン亭　EKI MARCHÉ大阪店

ビフテキじゅうにくめしロマンていエキマルシェおおさかてん

大阪的肉類批發老店所經營的牛肉重箱餐盒專賣店。將專家精心挑選的牛肉確實鎖住美味並進行燒烤，再與淋上特製醬汁的鬆軟白飯組合而成的牛排重箱也很受女性的喜愛。也可以外帶享用現做的牛肉重箱餐盒。

大阪站前 ▶ MAP 附錄P.10 B-1

☎06-6225-8129　休 以EKI MARCHÉ大阪為準
🕒10:00～21:30　📍北區梅田3-1-1　EKI MARCHÉ大阪內
JR大阪站櫻橋口即達　P 無

越嚼越滿溢而出的肉類鮮美
絕對是嶄新體驗！

MENU

BROOKLYN MASHED BEEF PLATE

¥1,050

酪梨和墨西哥辣椒等配料也很豐富喔！

這個也很推!

MOZZARELLA BURGER

¥1,350

用烤架烤到香氣四溢的牛肉與起司，加上帶甜味的佐料，讓口味達到最佳平衡

1.手切的大塊牛肉相當豪邁，風靡許多愛肉人士。附薯條、沙拉、湯品、白飯　2.以美國布魯克林為靈感的店內也非常時尚

＼享受肉的風味與口感的肉類美式餐廳／

THE BUTCHER

ザ ブッチャー

為大阪知名漢堡店「Burgerlion」的姊妹店。使用但馬牛與荷斯登牛交配繁衍的牛種做成的牛排，不僅吃得到肉的鮮味，口感也非常柔軟。炙烤後的煙燻香氣讓人口水直流。

難波 ▶ MAP 附錄P.19 C-3

☎06-6641-1129　休 不定休　🕒11:30～15:30、17:00～21:30　📍中央區難波千日前10-13 スギモトビル 2F
地鐵難波站4號出口步行5分　P 無

GOURMET

義式料理的激戰區就在大阪

品嚐義大利人主廚傾注全力的作品

Italian food

大阪人最愛吃美食了，在此介紹2間大阪人熱愛的義大利人主廚所開設的餐廳。

chef
來自威尼斯的保羅・布拉西・馬路西歐主廚

1.以酒窖為靈感的沉穩店內空間　2.位於大樓內，可別錯過了

對身心都溫和的北義大利料理

＼堅持使用無添加食材／

OSTERIA DA PAOLO

オステリア ダ パオロ

由來自威尼斯的保羅主廚所經營的義大利料理餐廳。以有機食材為主，用平實價格供應費工的義大利高級餐廳料理。午餐時段供應的佛卡夏和葡萄乾麵包都是每天早上製作，選用無添加食材。

堂島 ▶ MAP 附錄P.10 A-3
06-6345-1515
休 週日、假日
11:30～14:30、17:30～23:00左右
北区堂島2-1-24 堂島アーバンスクエア1F
地鐵西梅田站9號出口步行5分　P 無

must order

鮭魚和酪梨的奶油燉飯。超人氣的燉飯也會出現在午間套餐

MENU

午間套餐A
¥1,100
(平日可折價¥100)

可以從3種主菜中選擇的午間套餐。加￥100麵量可加大

1.洋溢義大利風情的3層建築　2.1樓為露天風格，充滿開放感　3.2樓裝飾有南義的繪畫和地圖

以石窯烘烤而成的拿波里披薩與充滿活力的南義大利料理

Ristorante e Pizzeria SANTA LUCIA

リストランテエピッツェリア サンタルチア

由出身於拿波里知名餐廳的斯巴諾主廚所開設、充滿居家氣息的獨棟餐廳，地點就位於鄰近靭公園的京町堀。以運用石窯烘烤的拿波里披薩為中心，提供能讓義大利或日本食材發揮出最大美味的料理。

肥後橋 ▶ MAP 附錄P.6 B-4

06-6444-8881　休 週二
11:00～14:30、18:00～21:30　西区京町堀1-9-17　地鐵肥後橋站7號出口步行4分　P 無

must order

瑪格麗特披薩
¥1,980
(晚餐為¥2,550)

以職人技術巧妙地控制窯內的溫度，只要幾十秒就能烤好。吃起來既Q彈又鬆軟

MENU

午間套餐A

¥1,400
附有豪華前菜拼盤的午間套餐，內容會因日而異

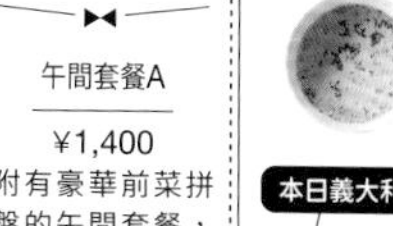
湯品

本日義大利麵

前菜拼盤

不論酒吧、小酒館、家庭餐廳還是高級餐廳，大阪有名的義大利餐廳不勝枚舉。

GOURMET

餐點漢方藥!?
充滿刺激魅力的香料咖哩

Spice curry

在大阪引爆風潮的香料咖哩！
不妨一頭栽進這深奧的
口味與刺激吧。

BOTANI：CURRY

ボタニカリー

要拿號碼牌才吃得到的超人氣香料咖哩名店。約21種香料和使用別的鍋子另外熬煮的咖哩配料，以及每天更換的22種蔬菜和豆類等，交織成立體感十足的咖哩，每次都能享受到不同的味道。

本町 ▶ MAP 附錄P.6 B-4

非公開 休 每週2天不定期開店
11:00～售完打烊（10：00～發號碼牌） 中央区瓦町4-5-3 日宝西本町ビル1F 地鐵本町站2號出口步行5分 P 無

這個也很推！

鮮蝦咖哩
¥980

以魚貝類高湯為基底的鮮蝦咖哩。隱藏於香料之中的柴魚風味讓人有熟悉的感覺

店內吧檯座與桌位共14席

MENU

BOTANI CURRY
¥1,030

以雞肉為基底的咖哩使用了3種部位的雞肉所做成的絞肉。12：00～13：30之外的時間可以一次挑選2種口味的咖哩

精美擺盤讓人一見鍾情
大阪第一美麗的咖哩

人氣配料
＋奶油起司豆腐¥150
＋醋漬蛋¥150

人氣配料
＋酪梨¥200
＋納豆¥100

滋味醇厚卻香辣十足
讓人一吃上癮的白咖哩

MENU

民族風香草
蕈菇橄欖
¥1,100

清爽香料恰到好處的刺激與椰子的甘甜香醇非常對味，也可以加入檸檬來變換口味

店內照明較為昏暗

這個也很推！

民族風香草
(椰子咖哩)雞肉
¥1,000

以椰子為基底的咖哩，浸泡香料一整晚的雞肉讓味道更出色

yobareya

ヨバレヤ

以徹底發揮椰子濃郁香氣的「異國香草」為基底的咖哩，可讓顧客自由選擇配料。也有許多人會挑選獨特的配料、客製成自己喜歡的口味。

新町 ▶ MAP 附錄P.14 B-1

06-6543-7008 休 週三
12:00～16:00
西区新町1-31-3-4808
地鐵四橋站2號出口步行5分 P 無

谷口カレー
たにぐちカレー

在午餐時間跟咖啡廳或酒吧等租借場地營業的「租借咖哩店」的先鋒。目前在北濱的「FOLK old book store」販售午餐。由於位在辦公區，為了增加飽足感而提升醬汁的黏稠度，或是加快供餐速度等小細節都讓人感到很貼心。

北濱 ▶ MAP 附錄P.7 C-4
06-7172-5980
休 週六、週日、假日
11:30～售完打烊
中央区平野町1-2-1
地鐵北濱站4號出口步行10分 P 無

店內獨特的擺設和書籍等讓人印象深刻

這個也很推！
香料雞肉咖哩
¥900
以蔬菜、雞骨和魚貝類萃取的高湯為基底。感覺新穎卻又讓人安心的口味

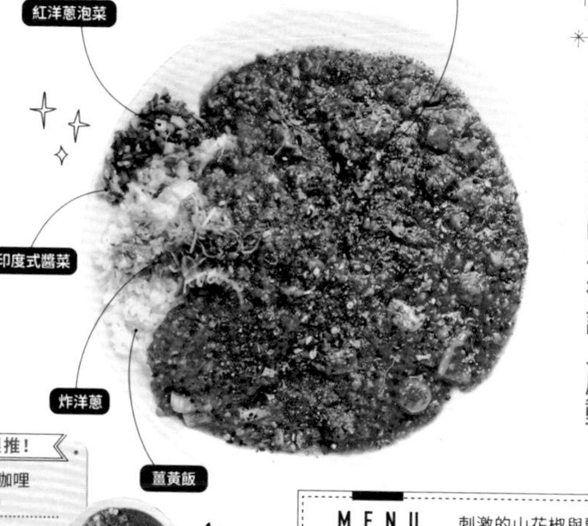

和食、中華料理與印度菜融為一體!?
絕佳的口味平衡讓人感動

MENU
麻辣豬五花絞肉咖哩
¥900（限量20份）
刺激的山花椒與飄香的黑芝麻讓人胃口大開。作為基底的和風高湯和白蘿蔔、南瓜的味道也很明顯

Osaka GOURMET
香料咖哩

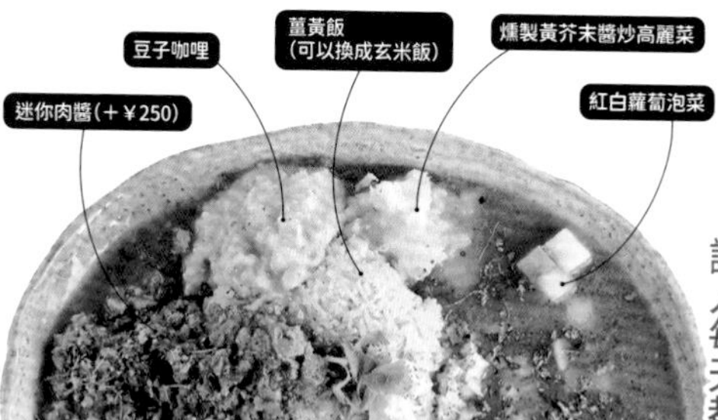

15種香料×高湯
讓人每天都想吃的咖哩

MENU
雞肉咖哩
¥900
有大塊的裸炸茄子和雞肉，非常有飽足感

人氣配料
＋酸奶油¥120
＋萊姆印度式醬菜¥120

創作カレー ツキノワ
そうさくカレーツキノワ

提供日本人熟悉的和風高湯＋味噌基底的咖哩。不斷重複實驗加入香料時的溫度和順序，最後終於製作出帶有強烈香料風味的咖哩。除了招牌的雞肉和肉醬咖哩之外，還會從約30種咖哩裡頭選出1款來作為每天替換的本日咖哩。辣度有7階段可以選擇。

本町 ▶ MAP 附錄P.15 C-1
06-6265-8336 休 不定休
11:30～16:30 中央区南久宝寺1-1-3 KT船場ビル 2F 地鐵堺筋本町站3號出口步行5分
P 無

店內只有吧檯座。可上twitter確認公休日和每日菜單

這個也很推！
泰式風牡蠣咖哩
¥1,000
每天替換的本日咖哩之一。椰奶與清爽的香草超速配。冬季限定

GOURMET

妝點一天的開始
一早就讓你心情超Happy的早餐

Breakfast

可以吃到美味早餐的咖啡廳正急速增加中。就讓時尚又美味的早餐出色地妝點一天的開始吧！

6

1.使用平飼雞蛋做成的布丁￥500，看得到蛋黃的濃郁色彩　2.巴西莓果碗￥1,280。從手作的烘烤穀麥到超級食物蜂花粉等，所有的食材都是有機的　3.夾入起司、培根、菠菜，分量滿點的日出菠菜三明治￥1,280　4.位於難波宮跡公園附近，有許多散步的人也會順道前往　5.可以外帶享用或是租借野餐組合去公園野餐

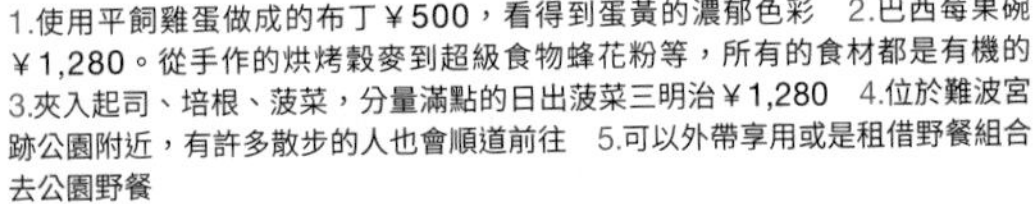

ASAKARA GOOD STORE

アサカラグッドストア

以全日早餐為宗旨，希望大家能在早上攝取對身體有益的食物，一整天都過得舒適愉悅。所有的食材都是向生產者直接進貨的無農藥有機食材。請品嚐彷彿能滋潤身體的天然美味吧！

谷町六丁目 ▶ MAP 附錄 P.15 D-1

☎06-6467-4009　休 週二、不定休

8:00～18:00

中央区法円坂1-4-6法円坂ハイツ1F

地鐵谷町四丁目站10號出口步行8分　P 無

©Petrina Tinslay

Breakfast

以濃縮世界潮流的早餐來補充精力

©Petrina Tinslay

©Anson Smart

早餐time
8:30～11:00

1.澳式全套早餐 ￥2,400。可以吃到被譽為「世界第一蛋料理」的炒蛋 2.店內隨處裝飾著Bills喜歡的藝術家的作品 3.杏仁奇亞籽杯￥1,200

bills 大阪

ビルズおおさか

由來自澳洲的Bills・Grandeur所創立、於世界各地展店的bills旗下的關西1號店。以「全天候餐廳」為宗旨，讓顧客從早餐到晚餐都能享用豐富多元的料理。

大阪站前 ▶ MAP 附錄 P.8 A-4
06-6456-2500
休 不定休（以LUCUA 1100為準）
8:30～23:00
北区梅田3-1-3 LUCUA 1100 7F
直通JR大阪站
P 無

Osaka GOURMET
早餐

Pain KARATO Boulangerie Café

パンカラトブーランジェリーカフェ

可以吃到剛出爐麵包的早餐套餐，隨處都可看見擅長蔬菜料理的主廚的堅持。從契約農園直送的新鮮蔬菜分量十足。早午餐也很受歡迎。

中之島 ▶ MAP 附錄 P.13 A-2
06-6575-7540 休 無休
8:00～20:00（內用LO19:00）
中央区北浜1-9-8ザロイヤルパークキャンパス大阪北浜1F
各線北濱站步行3分
P 無

1.可享用許多農園直送蔬菜的大分量早餐￥990（搭配2種推薦切片麵包）・￥1,100（1塊麵包） 2.於後方廚房現烤出爐的麵包一字排開 3.氣氛時尚沉穩的內用空間

在歐式麵包坊品嚐微奢華早餐

早餐time
8:00～14:00

在飯店的咖啡廳度過心情雀躍的早晨時光

早餐time
9:00～10:30

1. Q彈貝果加上奶油起司的口感極為平衡。還有煙燻鮭魚貝果￥1,300等品項 2.火腿起司可頌￥950 3.可以透過大片窗戶一覽都心景緻
※照片為示意圖

MYPLACE CAFE & BAR

マイプレイスカフェアンドバー

飯店的早餐總是令人憧憬。在位於希爾頓大阪1樓這間以成年人為取向的咖啡廳中，搭配水果、麵包一起享用美味的咖啡吧！在陽光灑落的明亮空間裡，度過奢華的時光。

大阪站前 ▶ MAP 附錄 P.10 B-1
06-6347-0310 休 無休 9:00～24:00（週五、週六、假日前日為～24:30）
北区梅田1-8-8 ヒルトン大阪1F
JR大阪站櫻橋口即達
P 300輛

※菜單和促銷內容、費用等有可能進行調整。

「bills 大阪」雖然是LUCUA 1100內的店鋪，但從早上8：30即開始營業

復古氣氛超迷人
純喫茶不可錯過的懷舊美食

Nostalgic Menu

瀰漫昭和氣息、崇尚洋風文化的代名詞——喫茶店。請盡情享受由店家推薦、能讓心情放鬆的懷舊美食吧！

Must Order!

1.蓬鬆柔軟充滿空氣感的熱鬆餅￥650。搭配飲料的套餐￥1,050 2.剛入店就讓人驚歎不已的新古典風格擺設與螺旋階梯 3.接合640片高級木材的壁面和閃亮的天花板等店內設計，可謂洋風愛好者的寶庫 4.街道風景不可或缺的知名景點

自家烘焙咖啡 ¥570

在傳統的純喫茶品嚐熱鬆餅

＼螺旋階梯與豪華的水晶吊燈／

純喫茶American

じゅんきっさアメリカン

水晶吊燈、螺旋階梯、知名雕刻家的作品等，充滿訂製裝飾品、宛如藝廊般的喫茶店。帶有苦味又香醇的自家烘焙咖啡，是創業至今未曾改變的味道。請和口感鬆軟、讓人欲罷不能的熱鬆餅一起品嚐。

難波 ▶MAP 附錄 P.19 C-1

☎06-6211-2100 休每月3次週四休（假日、假日前日除外） 🕒9:00～21:45（週二為～21:15）
📍中央区道頓堀1-7-4
🚶地鐵難波站15號A出口步行3分 🅿無

Must Order!

1.配置了古董家具等擺設的店內充滿了古典氣息 2.使用當時的食譜現點現做的綜合果汁￥810 3.點單後才以專用銅板一片片煎烤而成的名物熱鬆餅￥740，以及用大倉陶園出品的咖啡杯盤組提供的咖啡￥590

搭配講究的咖啡

＼使用獨創食譜製作的鬆餅／

丸福珈琲店 千日前本店

まるふくこーひーてんせんにちまえほんてん

身為洋食店主廚的創業者徹底講究烘焙法和萃取法所研發出來的咖啡，大約調和了8種咖啡豆進行滴濾，風味香醇濃郁。一定要嚐嚐使用銅板煎烤的熱鬆餅。

難波 ▶MAP 附錄 P.19 C-2

☎06-6211-3474 休無休
🕒8:00～23:00 📍中央区千日前1-9-1
🚶地鐵難波站14號出口步行10分 🅿無

1.綜合果汁￥750，大量使用正值美味期的蘋果、橘子、香蕉等，宛如果昔般綿密滑順　2.幾乎和開店當時一樣的復古氣氛　3.創業時就供應的綜合水果三明治￥1,300

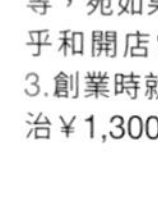

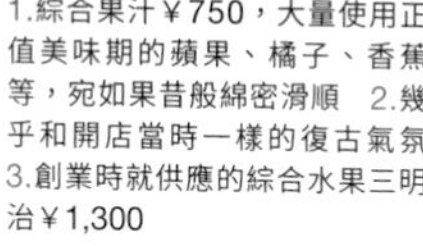

千成屋珈琲

せんなりやこーひー

併設水果冰品吧而大復活！綜合果汁的創始店

昭和23(1948)年創業的綜合果汁創始店。曾經一度在大眾一片惋惜聲中熄燈，但2017年又重新復活開業！併設水果冰品吧，不妨外帶一杯綜合果汁或冰棒，再到新世界觀光吧！

新世界 ▶ MAP 附錄 P.20 A-2

☎06-6645-1303　休無休　⏰9:00～20:00（週五、週六、假日前日為～22：00）
浪速区恵美須東3-4-15
地鐵動物園前站1號出口即達　P無

1.火腿和雞蛋綜合三明治￥500與自家烘焙咖啡￥500。這種價位在該地段彌足珍貴　2.3.大阪站前第1大樓落成的昭和45（1970）年起就在相同場所營業至今。當時設計出的獨特氣氛極具魅力　4.名人老闆劉盛森先生會活力十足地出來接待

喫茶MADURA

きっさマヅラ

在宛如宇宙般的空間內品嚐口味和價位從未改變的咖啡&三明治

宛如宇宙般的懷舊空間設計別具魅力、位於大阪站前第1大樓的喫茶店。獨特的世界觀與數十年來不動如山的餐點飲品，其價格從創業至今竟然未曾改變。現今依然能看到老闆(102歲)在店頭熱情地招待客人。

梅田 ▶ MAP 附錄 P.10 B-2

☎06-6345-3400　休週日、假日　⏰9:00～20:00（週六為～18:00）　北区梅田1-3-1 大阪駅前第１ビルB1　直通地鐵西梅田站　P無

「純喫茶American」也獲選進入「活的建築博物館・大阪選集」（生きた建築ミュージアム・大阪セレクション）名單。

怎麼拍都好看!

裝潢超漂亮的網美空間咖啡廳

Good space

磁磚牆壁、彩繪玻璃、室內擺設等，在此介紹社群網路上超熱門的網美空間咖啡廳。

Café Sik

西洋×東洋混搭
創造出氣氛渲染極佳的空間

馬賽克地磚讓人忍不住想拍照

洋溢宛如飯店般高級感的沙發座位私人酒吧

menu
Breakfast
週末限定的朝食美膳(完全預約制)1人份
¥1,980

CAFE SIK

CAFÉ SIK

カフェシック

讓人聯想到國外飯店、以紅磚打造的咖啡廳。沙發座位、私人酒吧、借景靭公園的露天座位等，依照不同場景採用不同的擺設，每個地方看起來都非常漂亮。午餐＆晚餐都很受歡迎的中華料理，不論外觀和味道都非常正統。

肥後橋 ▶ MAP 附錄 P.6 A-4

☎06-6441-9100 休 無休 L 週一、週二為11：00～17：00，週三～週五為11：00～22：00，週六、週日、假日為8：00～21：00 ◎西区京町堀1-14-27 地鐵肥後橋站7號出口步行7分 P 無

面向公園、宛如度假勝地般充滿開放感的露天雅座

Delicious

menu
Asian Sweets 豆花 ¥950

うつわcafeと手作り雑貨の店 ゆう

うつわカフェとてづくりざっかのみせゆう

可以用自己選的陶器來享用飲品的咖啡廳。店內使用的陶器以及併設藝廊內販售的陶器，都是在2樓的陶藝教室手工製作的。每個器具的造型都不盡相同，用它們來盛裝的拿鐵咖啡非常受歡迎，也可以品嚐到甜點和輕食。

梅田 ▶ MAP 附錄 P.8 B-2

06-6377-6777 休無休
11:00～19:00(LO18:30)
北区芝田1-10-3 野本梅田ビル1F
阪急大阪梅田站茶屋町口步行5分 P無

1樓為咖啡廳，2～4樓為工藝教室

牆壁的一部分為藝廊空間

Cafe Tokiona

カフェトキオナ

古董家具和老闆講究的餐具、從波動喇叭中流洩而出的音樂等，營造出能讓人舒緩放鬆的懷舊氣氛。早餐、午餐和下午茶，每個時段都準備了講究的菜單，手作漢堡排和偏硬口感的古早味布丁也是人氣品項。

天滿橋 ▶ MAP 附錄 P.7 C-3

06-6355-1117 休週三
7:00～18:00
北区天神橋1-12-19
地鐵南森町站4號出口步行5分
P無

色彩繽紛的磁磚和裝飾小物
打造出時尚的店內空間

復古外觀就是標記

想拍出網美照片，不妨自然地將地板、牆壁和桌子連同食物一起拍進去，時尚感會倍增喔！

GOURMET

尋找美味的那一杯
到精品咖啡店家走一趟

Specialty coffee

活用咖啡豆的特徵進行烘焙，再細心沖泡的咖啡。前往以泡出最棒的一杯為目標的咖啡專賣店。

以直火式烘豆機烘焙出美味的咖啡

坐在吧檯座，度過悠閒的咖啡時光

水泥建築×木製吧檯讓人印象深刻

Shop : 01

THE COFFEE COFFEE COFFEE

ザコーヒーコーヒーコーヒー

位於堀江的時髦咖啡廳。由店主坂井先生使用店頭那台烘豆機每天烘焙出的咖啡，特色是能確實以中焙～深焙來提取出咖啡豆的特性。以咖啡凍為首，也有很多人是爲了本店使用自家烘培咖啡所製作的甜點而來的。

堀江 ▶ MAP 附錄 P.16 A-2

☎06-7713-1533 休週三、週四 ⏰12:00～18:00 📍西区南堀江3-1-23伊勢村ビル1F 🚶地鐵西長堀站6號出口步行3分 P無

menu

咖啡凍
¥700

使用特製咖啡做成的咖啡凍，搭配位於難波的「RUGGERI」的義式冰淇淋，可謂絕佳組合

可以挑選喜歡的咖啡豆

menu

特調咖啡
¥600

調和3種咖啡豆的清爽風味

外帶用

店主坂井先生會仔細地進行手沖

仔細深焙，提取出咖啡豆的個性 手沖出美味的咖啡

享用自家烘培咖啡與美味的甜點

／在被陽光圍繞的空間裡／

每次沖泡咖啡時，店內都會飄散著迷人的香氣

精品咖啡與葡萄酒的樂園

／約200坪的倉庫內就是／

在咖啡吧檯細心地手沖出每一杯咖啡

1樓是咖啡與葡萄酒的販賣區，2樓設有沙發座位

menu

手沖咖啡
¥450

將喜歡的咖啡以濾紙一杯一杯手沖而成

司康和餅乾等手作點心也很豐富

menu

ELMERS 特調咖啡
¥500

不論是清爽派還是濃厚派都能滿足，充滿個性的特調咖啡

Shop：03

ELMERS GREEN CAFE

エルマーズグリーンカフェ

擺設古董家具、充滿陽光的極簡摩登咖啡廳。在這裡可以喝到以自家烘焙的咖啡豆細心手沖的咖啡，以及適合搭配享用的手作麵包和烘培點心。

經由大片窗戶灑落下來的陽光充滿開放氛圍

北濱 ▶ MAP 附錄 P.13 A-2

06-6223-5560 休不定休 11:00～19:00(週六、週日、假日為10:00～18:00) 中央区高麗橋1-7-3 北浜プラザ1F 直通地鐵北濱站4號出口 P無

Shop：02

TAKAMURA WINE & COFFEE ROASTERS

タカムラワインアンドコーヒーロースターズ

與葡萄酒專賣店併設的精品咖啡專賣店。以美國製烘豆機烘焙出的咖啡豆還獲得了「Cup of Excellence」（卓越杯）的高評價肯定。一杯一杯仔細地手沖，展現出咖啡豆的絕佳個性。

倉庫風格的建物。也是葡萄酒愛好者的聖地

江戶堀 ▶ MAP 附錄 P.6 A-4

06-6443-3519 休週三 11:00～19:00 西区江戸堀2-2-18 地鐵肥後橋站2號出口步行10分 P無

「ELMERS GREEN CAFE」在淀屋橋和NAMBA PARKS設有分店，中之島則有系列店「EMBANKMENT Coffee」。

GOURMET

南區的熱力綻放出火花

在裏難波享受續攤的樂趣

Ura Namba

裏難波有許多味道和價格都讓人大大滿足的隱藏名店。不妨來場深度一點的飲酒之旅吧！

有許多便宜又好吃的店哦！

DINING あじと

ダイニングあじと

發揮主廚對食材的講究和手藝以美食和美酒來款待顧客

有日式、西式、義式等多樣化菜色可以選擇，而且每一種都是專賣店的水準。日本酒、燒酒、葡萄酒等酒類品項也很豐富，可以配合料理來選擇。從日常聚餐到接待客戶都能賓主盡歡。

難波 ▶ MAP 附錄 P.19 C-3

☎06-6633-0588 休不定休 🕒17:00～22:00

📍中央区難波千日前4-20

🚶地鐵難波站4號出口步行5分 P無

1. 搭配鵪鶉蛋和特製醬汁來吃的軟骨雞肉丸￥680
2. 烤牛肉￥1,980。使用從出生～飼養～出貨都附有證明的嚴選黑毛和牛。口感非常軟嫩
3. 新鮮魚貝類的生魚片拼盤1人份￥980。使用當天進貨的魚貝類，其新鮮和美味的程度會讓人大吃一驚
4. 彷彿歐洲小酒館般的店內空間

1.在入口處難以想像的寬敞店內空間
2.明蝦佐美乃滋醬¥1,198。使用新鮮Q彈的特大隻明蝦。溫和醇厚的美乃滋醬也是一絕

けむり屋&FLOWER

けむりやアンドフラワー

是正統的中國料理店
也是氣氛絕佳的酒吧

可以用平實價格吃到正統的四川、廣東料理和火鍋等。2樓是備有吧檯的寬敞挑高空間，提供從雞尾酒到燒酒等總計超過150種以上的飲品。

難波 ▶ MAP 附錄 P.19 C-3

☎06-6633-5099 休 週日
12:00～14:30、17:30～22:30
中央区難波千日前6-12
地鐵難波站4號出口步行5分
P 無

STUDY!

裏難波是什麼樣的地方？

如字面所述，位於難波的內側。從難波豪華花月劇場開始，以東到堺筋、以北到日本橋一帶的區域。集結了許多便宜又美味的店家，是對美食情報敏感的當地人注目的焦點。

ときすし

明明是正統壽司店
卻比迴轉壽司還要划算！

名物 壽司燒（8貫）¥1,320起。精心料理、炙燒的壽司8貫，附紅味噌湯。晚餐時段也可點餐

雖然是握壽司1貫只要82円～的便宜價格，卻是食材新鮮、料理得宜的正統壽司。招牌的炙燒壽司還會附上起司、岩鹽和柚子胡椒等。

難波 ▶ MAP 附錄 P.19 C-3

☎06-6632-0366 休 無休
11:00～22:30
中央区難波千日前4-21
地鐵難波站4號出口步行5分
P 無

1.除了吧檯座之外，也有桌位
2.附近還有「ときすし はなれ」及「NAMBA PARKS店」

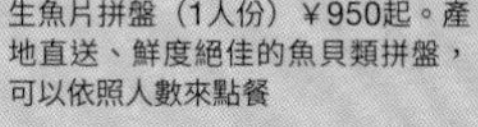

生魚片拼盤（1人份）￥950起。產地直送、鮮度絕佳的魚貝類拼盤，可以依照人數來點餐

1.綜合烤雞肉串5根拼盤￥980。使用大和地雞或布雷諾亞雞等品種的雞肉，都以炭火進行燒烤 2.手工內裝和專家製作的餐具都很漂亮

炭焼笑店 陽 難波店

すみやきしょうてんようなんばてん

菜色竟然超過100種！
地雞和新鮮魚貝類是招牌料理

將大和地雞以絕妙的火候燒烤完成的烤雞肉串，以及經由特殊管道進貨的鮮魚料理都是招牌菜。伊比利豬、京鴨、黑毛和牛等肉類料理和當季蔬菜的一品料理也非常推薦。

難波 ▶ MAP 附錄 P.19 C-3

☎06-6647-8988 休 無休 17:00～翌日1:30 中央区難波千日前14-25 阪南ビル1F 地鐵難波站4號出口步行5分 P 無

南區的話，在舊大阪歌舞伎座後方的「座裏」也是有許多時髦餐飲店林立的夜晚小酌區域。

活力充沛的夜晚

在裏天滿來場深度屋台之旅

Ura-Temma

想在大阪度過快樂的夜晚，不妨去人潮滿滿的續攤聖地·天滿看看吧！

牛頰肉
¥550

1.採用站著烤的方式，可以輕鬆地烤肉　2.以炭火烤爐烤出來的內臟充滿誘人香氣　3.步行3分鐘的距離還有另一間主打赤身肉的姊妹店

電撃ホルモンツギヱ

でんげきホルモンツギエ

散發光澤的新鮮內臟站著烤，輕鬆享用

店內經常備有30種內臟類肉品的立食式燒肉店。肉類都是日本國產，只會訂購當天所需的分量，因此都很新鮮。帶有酪味的醬油基底醬汁也非常出色。

天滿 ▶ MAP 附錄 P.12 A-3

070-5659-0348　休 不定休　17:00～24:00（週六、週日、假日為12:00～）　北区天神橋5-6-33　JR天滿站步行3分　P 無

1.墨國回轉雞（半隻）¥935。使用祕傳醬汁醃漬的雞經過仔細燒烤，再依喜好沾自家製的莎莎醬或搭配現烤玉米餅享用
2.攤位到處充滿了誘人的香氣和歡笑聲

墨国回転鶏料理 QueRico

ぼっこくかいてんとりりょうりケリコ

掀開塑膠布裡面就是小墨西哥

店內的招牌就是以特別訂製的機器製作的烤全雞·墨國回轉雞。肉質柔軟、肉汁豐富、外皮香脆，口感極佳。也供應塔可餅和墨西哥酥餅。

天滿 ▶ MAP 附錄 P.12 B-3

06-4801-8424　休 無休　17:00～24:00（週六、週日、假日為13:00～23:00）　北区池田町8-4　JR天滿站步行4分　P 無

店內有9種墨西哥啤酒和龍舌蘭等，酒類相當豐富喔！

1.約12m的長吧檯，聚集了許多啤酒愛好者　2.皮爾森啤酒（1品脫）￥830　3.（從後方起）炸魚薯條￥650，ツムラ河內鴨半敲燒￥800

BEER BELLY 天滿

ビアベリーてんま

盡情品味世界公認的大阪在地啤酒！

在英國知名的啤酒品評會司陶特啤酒項目中榮獲第一，擁有世界級高人氣的箕面啤酒的直營店。包含限定款在內，常備了15種啤酒。

天滿 ▶MAP 附錄 P.12 A-3

☎06-6353-5005　休 不定休　15:00～23:30
北区池田町7-4　JR天滿站步行3分　P 無

STUDY!

裏天滿是什麼樣的地方？

會有許多專業廚師前往採買的天滿市場周邊一帶，有一條聚集了許多既實惠又好吃的攤販的「塑膠布街」。這些沒有門和牆壁、價格低廉的酒吧或居酒屋，入冬後就會使用塑膠布來防寒。像這樣的「塑膠布店」正日漸增多，每天晚上都非常熱鬧。

1.店內宛如港邊攤販，充滿了熱烈的活力　2.鮪魚臉頰肉半敲燒￥390　3.鮪魚赤身￥390　4.鮭魚生魚片￥290　5.（從後方起）天婦羅￥110～，酒蒸海瓜子￥390，烤鮪魚下巴￥580～

地魚屋台 とっつぁん 天満店

じざかなやたいとっつぁんてんまてん

在宛如漁夫小屋的店內豪邁享用超新鮮的魚貝料理！

豪邁的海鮮料理竟然能用令人驚豔的價格吃到，因而蔚為話題。用簡單的調理方法凸顯出魚貝類的鮮美＆十足的分量就是受歡迎的祕密。在大阪、兵庫有10間店鋪。

天滿 ▶MAP 附錄 P.12 A-3

☎06-6351-4649　休 無休　17:30～22:30
北区池田町6-14　JR天滿站步行3分
P 無

如果天滿市場周邊算是內側的話，外側就是日本最長的商店街「天神橋筋商店街」。

GOURMET

在小巷裡
續攤暢飲吧！

續攤喝酒好歡樂

在福島的巷弄裡來場酒吧巡禮

Fukushima

集結了正統法國料理、義大利料理、小酒吧等店家的美食街。感覺會在小巷裡接連造訪一間間的知名酒場呢！

1.時令蔬菜拼盤￥1,280。可以少量品嚐各種由蔬菜營養師嚴選的當季蔬菜 2.瀰漫日式風情的2層樓建築，店內散發沉穩的氣氛

福島金魚

ふくしまきんぎょ

蔬菜營養師提供的創作和食讓人讚不絕口

以復古土牆與木造裝潢博得深刻印象的私房餐廳。可以享用到蔬菜營養師以蔬菜和肉類所製作的和風基底創作料理。前菜、沙拉、炸物、肉類等一品料理的選項也很豐富。

福島 ▶MAP 附錄 P.12 A-2

☎06-4796-2133 休無休 🕒17:00～23:00 📍福島区福島5-10-17 👣JR福島站步行3分 🅿無

1.西班牙螯蝦海鮮飯2人份￥2,600～。大手筆加入螯蝦的豪華燉飯 2.加利西亞風味章魚￥750。加入彩椒，鹽味恰到好處的加利西亞名菜 3.水果威士忌蘇打￥530。清甜水果風味會在口中擴散開來 4.15時開店，因此從傍晚就能暢飲

BANDA

バンダ

提供多樣化的塔帕斯，人氣沸騰的西班牙餐酒館

有許多500円以內的塔帕斯(西班牙小菜)，能和朋友盡興地分享。肉類和魚類的主菜分量滿點，可以當成正餐好好享用。對蔬菜也非常講究，是從附近農家直接進貨的。

福島 ▶MAP 附錄 P.12 A-1

☎06-7651-2252 休週日 🕒15:00～23:30 📍福島区福島7-8-6 👣JR福島站步行3分 🅿無

1.炙燒鮭魚與干貝佐香味蔬菜醬￥1,180，有大量蔥花的義式薄切生鮭魚￥980 2.將新鮮鮭魚以豪邁又纖細的手法加以調理 3.店面位於福島高架橋下，深受女性歡迎

Salmonbal PARTIA

サーモンバル パーシャ

可以享受創意菜色的鮭魚料理專賣店

義式薄切生鮭魚、烤鮭魚、橄欖油蒜香鮭魚、披薩等，菜單清一色都是鮭魚。人氣品項「鮭魚腹肉鹽味半敲燒（￥1,280）」可以搭配自家製的氣泡調酒一起品嚐。

福島 ▶MAP 附錄 P.12 A-2

06-6343-7477 休週一 17:00～23:00（週日、假日為～22:00） 福島区福島8-1-43 JR福島站步行5分 P無

STUDY!

福島是什麼樣的地方？

從梅田藍天大廈步行約10分鐘左右的JR福島站一帶，就是從2000年代中期開始引爆小酒館風潮、能夠輕鬆飲用葡萄酒的小酒館一家接著一家開的地區。轉進小巷子後，到處都是時髦的小酒館，可以享受續攤的樂趣。

Osaka GOURMET

福島之夜

HOW TO 動手抓

選擇 從水槽中選擇喜歡的尺寸

抓取 直接抓出水槽裡的螯蝦

調理 可以選擇用煎烤或蒸煮的方式來調理

享用 以煎烤 100g￥600秤重計價。淋上特製的美式醬汁，品嚐新鮮有彈性的蝦肉

完成

活け海老バルorb 福島店

いけえびバルオーブふくしまてん

活跳跳鮮蝦現抓現吃！蝦味滿滿的鮮蝦專賣店

從加拿大產的天然螯蝦到難得一見的夢幻蝦，以破盤價提供世界各國的美味鮮蝦。還有一定能炒熱氣氛的徒手抓螯蝦等有趣的活動喔！

福島 ▶MAP 附錄 P.12 A-1

06-6451-0001 休無休 17:00～23:30（週六、週日、假日為15:00～） 福島区福島5-12-14 JR福島站即達 P無

1.（從後方起）天使紅蝦1尾￥280（不含稅），以煎烤方式搭配特製美式醬汁來享用 2.在吧檯觀賞豪邁的料理過程也很有趣

除了福島店之外，「活け海老バルorb」在北新地、裏難波、天滿等地也有分店。

GOURMET

代表大阪的夜晚歡樂街

在北新地品嚐美酒&美食

Kita Shinchi

大阪的高級夜之街區＝北新地。一邊享受街道氛圍、一邊在能夠品嚐正統料理的店家度過微醺的夜晚時光吧！

有很多可以輕鬆前往的店家喔♪

包屯

ほうちゅん

餃子激戰區北新地的人氣餃子專賣店

供應腐皮餃子、雞翅餃子等8種餃子。外皮酥脆、內餡帶有大蒜風味，吃完後清爽不油膩的包屯餃子，不管幾個都吃得下。特製的辣味噌醬也讓人一吃上癮。

北新地 ▶ MAP 附錄 P.11 C-3

☎06-4798-7189 休週日、假日、每月第2．4個週六 ⏰18:00～翌日2:45（週六為～23:45） 📍北區堂島1-2-30 堂山上ビル1F 🚶JR北新地站11-43號出口即達 P無

1.包屯餃子8顆￥380。為了讓油脂流出而不將皮密封的四角形一口餃子 2.咖哩餃子6顆￥400。咖哩味道鮮明的餃子，跟福神漬一起吃更是絕妙！ 3.半夜1點最熱鬧，這一點也很有北新地的風格

地魚と地野菜の旬料理 心屋

じざかなとじやさいのしゅんりょうりここや

大口享用從淡路島每天直送的新鮮海味

淡路島出身的店主基於「想讓顧客品嚐自己故鄉的食材」而開設的店。由沼島或由良漁港直送的當天現捕海產，請搭配從全國嚴選的日本酒一起享用吧！

北新地 ▶ MAP 附錄 P.11 C-3

☎06-6147-2317 休週日 ⏰17:00～23:00 📍北区堂島1-3-33 新地萬年ビル2F 🚶JR北新地站11-21號出口步行5分 P無

1.紅燒金目鯛￥2,380。會在魚變得肥美、美味倍增的冬季時推出 2.淡路島在地鮮魚生魚片拼盤￥2,680。根據季節選用當令魚類做成的拼盤 3.以使用舒適大椅的吧檯座為主

1.無菜單套餐￥9,680，還有使用鮑魚、松露、魚子醬等高級食材的￥14,520共2種　2.難以入手的世界各國威士忌，這裡很齊全　3.有輕鬆歡樂的吧檯座，也有適合接待或宴客的個別包廂

北新地 口勝

きたしんちくちかつ

與威士忌一同享用的創新炸串

將大阪的靈魂美食「炸串」施以獨創變化。選用對身體有益的炸油，吃起來清爽無負擔。適合搭配威士忌蘇打一起享用，是北新地的私房美食餐廳。

北新地 ▶ MAP 附錄 P.10 B-3

☎06-6486-9020　休 週日、假日　🕒17:00～22:30(最晚入店～20:30)　📍北区曽根崎新地1-3-3好陽ビル1F　🚶JR北新地站11-21號出口即達　P 無

STUDY!

北新地是什麼樣的地方？

大阪首屈一指的高級餐飲街，林立著許多高級俱樂部，但最近也開了不少氣氛較為輕鬆隨意的店家，成為不分世代都能享受夜生活的場所。許多店家雖然看起來平凡，但口味卻非常道地，每天晚上都吸引了不少美食家們流連忘返。

北新地駅
JR東西線
浪花ろばた itadakitai (頂鯛)
北新地口勝
四つ橋筋
御堂筋
地魚と地野菜の旬料理 心屋
堂島アバンザ
包屯
ホテルエルセラーン大阪
地下鉄四つ橋線
地下鉄御堂筋線
ANAクラウンプラザホテル大阪
阪神高速環状線

Osaka GOURMET

北新地之夜

滿滿的海之味！

浪花ろばた itadakitai (頂鯛)

なにわろばたイタダキタイ

絕對會讓旅行留下美好回憶！度過愉快又美味的時光

將豆腐、冰鎮番茄、馬鈴薯燉肉等居酒屋的常見菜色以ESPUMA或液態氮處理，做成充滿玩心的創意料理。嚴選食材精心製作的料理，加上種類豐富的飲品，這些基本的部分也不會讓人失望。

北新地 ▶ MAP 附錄 P.11 C-3

☎06-6147-4377　休 週日　🕒17:00～22:30　📍北区曽根崎新地1-6-21栄和ビル1F　🚶JR北新地站11-41號出口即達　P 無

1.名物！生魚片階梯拼盤1人份￥1,740 ※照片為2人份　2.濃厚鬆軟奶油豆腐佐高湯凍 ￥980。料理手法、新奇口感，加上日本產黃豆的濃郁滋味，會讓人驚訝3次　3.嘿咻！鮭魚子滿滿飯（小）￥3,800　4.和洋混合的空間，充滿非日常感

位於阿初天神（露天神社）附近的阿初天神裏參道也是小酒館街，每天晚上都熱鬧非凡。

愛酒人士要注意！

到都市型釀酒廠品嚐大阪葡萄酒

還可以喝到新鮮的桶裝葡萄酒

大阪近郊的葡萄栽培歷史非常悠久，從江戶後期到明治時代就開始了。受惠於降水量少、日照充足、土壤排水性佳的關係，在昭和初期的生產量甚至還超越了山梨縣，成為全國第一。

昭和9（1934）年，為了挽救室戶颱風所造成的嚴重災害，因此特別允許釀製葡萄酒，也因此讓**大阪的葡萄酒文化**一口氣興盛起來。現在，在距離大阪市不遠的柏原市周邊，就非常盛行栽種葡萄與釀造。2013年，即使是在日本也算稀罕的都市型釀酒廠「**島之內FUJIMARU釀造所**」開廠，民眾也因此能享受到更加平易近人的大阪葡萄酒。

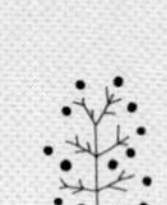

1.炙燒浪花黑牛（100g～）、天然西洋菜沙拉￥2,860、多彩法式蔬菜凍佐蘋果與紅心蘿蔔醬￥1,430。華美的料理讓心情也隨之雀躍　2.上樓後就是餐廳　3.吧臺座與桌位總計約30席　4.從餐廳窗戶可以看見1樓的釀造所　5.從12時就開始營業，因此午後就能享受品酒之樂

FUJIMARU的葡萄園

位於距離大阪市內約30分鐘車程的柏原市，約有2公頃的自家管理葡萄園，主要栽培的品種是德拉瓦和梅洛。以精心栽培的葡萄釀製的葡萄酒，從採收、釀造到裝瓶，全部都是由工作人員親手進行的，因此也可以聽到許多有趣的小常識。

在市內的釀酒廠
感受微醺滋味

島之内FUJIMARU醸造所

しまのうちフジマルじょうぞうじょ

1樓的釀酒廠主要是使用大阪的適應品種「德拉瓦」葡萄來釀酒，一年大約會釀造15種左右的葡萄酒。2樓為餐廳，推出使用當季食材烹調的奢華義大利料理，可以搭配桶裝葡萄酒或原創葡萄酒來享用。

松屋町 ▶ MAP 附錄 P.15 C-2
06-4704-6666
休週二、週三　12:00～23:00（餐點LO21:30）
中央区島之内1-1-14 三和ビル
地鐵松屋町站4號出口即達
P無

自豪的葡萄酒有這些！

常備5種左右的自創葡萄酒並經常更換。

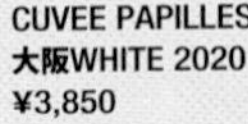

CUVEE PAPILLES 大阪WHITE 2020
¥3,850

使用FUJIMARU自家葡萄園的德拉瓦釀造。口感清爽又帶有濃郁美味

CUVEE PAPILLES · DELAWARE 陶甕釀造 2021
¥4,180

將FUJIMARU自家葡萄園的德拉瓦連皮帶種籽一起浸泡發酵所製成的橘酒。使用喬治亞的陶甕進行熟成

CUVEE PAPILLES 大阪RED 2020
¥3,850

以FUJIMARU自家葡萄園的梅洛和貝利A麝香混合釀造，口感輕盈不厚重

邂逅嶄新發現的旅行

Discovery

只要換個角度，就連一成不變的招牌觀光地
也能出現新的發現。
要不要一同來尋找你還不知道的大阪魅力呢？

Find something fun!

北濱RETRO
きたはまレトロ
>>P.85

大阪的遊樂園，不管晝夜都熱鬧非凡

去道頓堀尋找浮誇看板吧!

跟大阪名物食倒太郎和固力果看板拍攝紀念照，也是大阪觀光的必走行程♪
於日夜展現出不同面貌的道頓堀，稱霸所有的名物看板吧！

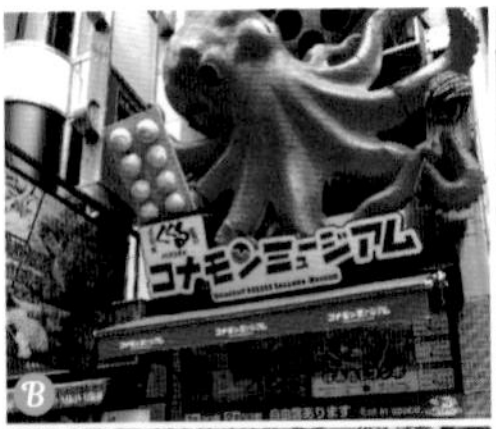

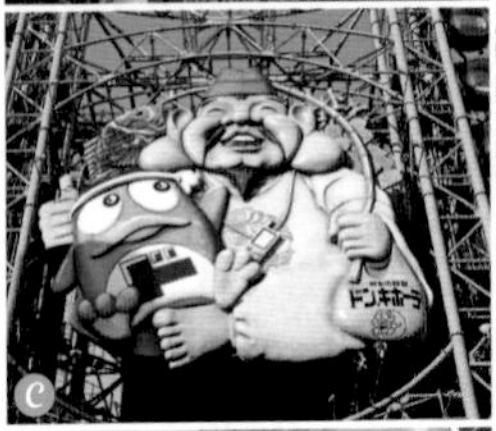

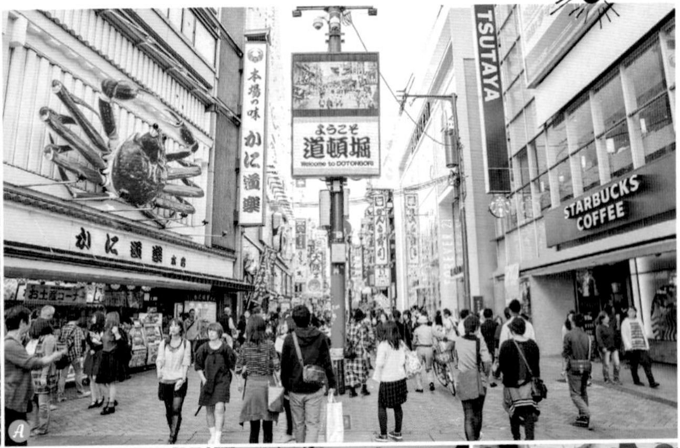

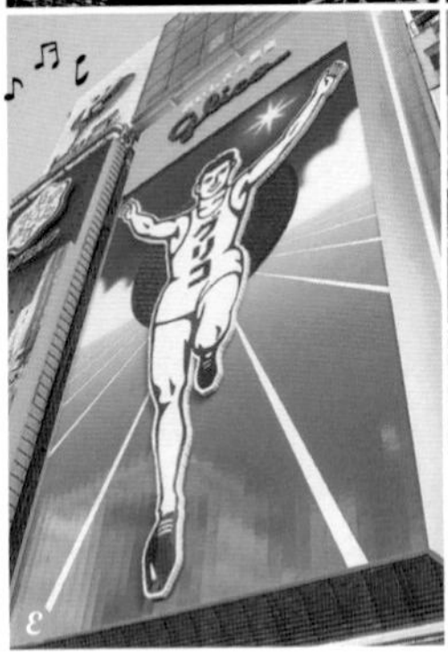

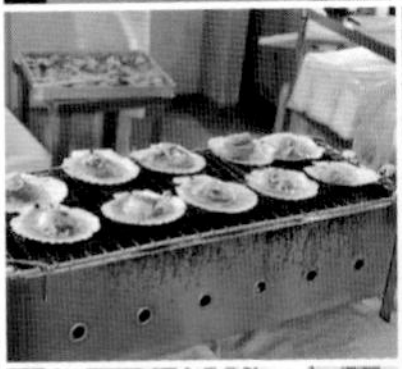

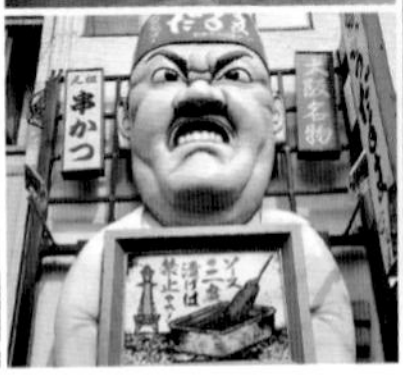

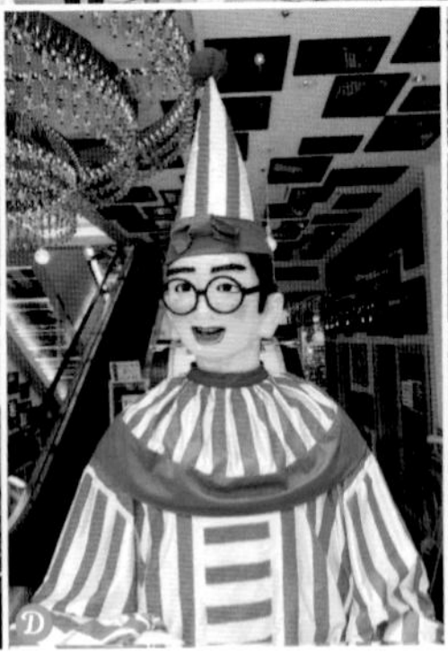

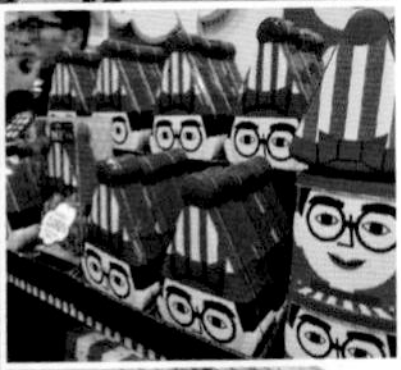

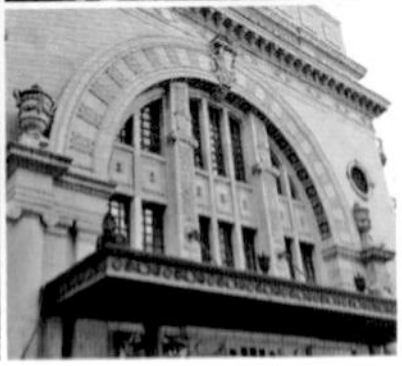

E 第6代的固力果跑跑人，看板前永遠聚集了等待拍照的人潮！

D 穿著誇張服飾打鼓的道頓堀明星．食倒太郎

C 在河邊展露滿面笑容的是商業之神「惠比壽」！

B 位於道頓堀川固力果看板的隔壁，「くくる本店」的大章魚

A 道頓堀的主要街道。左右林立著超浮誇的看板

Discovery

道頓堀是什麼樣的地方？

擁有固力果看板這個地標、位於道頓堀川的沿岸區域。個性十足的巨大看板入夜後就會亮起超浮誇的霓虹燈。隨處可見章魚燒或是浮誇伴手禮等，是大阪首屈一指、活力十足的繁華街。

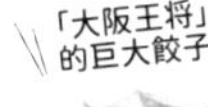

「大阪王将」的巨大餃子

充滿躍動感的「金龍ラーメン」的金龍！

眼睛和腳都會動「かに道楽」的螃蟹

J 彷彿時光跳躍、回到洋溢昭和氣息的浮世小路

I 唐吉訶德的超可愛企鵝迎接各位♪

H 超浮誇的霓虹看板，充滿濃厚的大阪韻味

G 和藹可親的卡魯叔叔，晚上也會點燈喔♪

F 固力果看板會在18時點燈，每隔15分鐘就會播放的動畫也不可錯過！

要在道頓堀會合時，建議選在以巨大螃蟹為標記的「かに道楽」前面。

在食倒之街．道頓堀發現的大阪好事物♪

有得吃又有得玩，魅力滿點的道頓堀散步

因觀光客而熱鬧喧囂的道頓堀有許多大阪引以為傲的美食。
即便是初次到訪大阪的人，只要先稱霸這個區域就絕對不會錯。

TARO's PARLOR

タロウズパーラー

嶄新的「糖果」型態 色彩繽紛的糖漬水果樹

以「太郎的野餐」為概念的外帶水果冷飲專賣店。販售使用當季水果製作的綜合果汁和檸檬汁等。

道頓堀 ▶ MAP附錄 P.18 B-1
☎06-7652-9164
休無休
🕐11:00～19:00
📍中央区道頓堀1-7-21 中座くいだおれビル1F
🚶地鐵難波站14號出口步行5分
P無

1.糖果樹（大）¥550。將水果裹上糖漿製成大阪人的必需品「糖果」變成糖漬水果了！ 2.多彩繽紛的水果，光看著就讓人心情雀躍 3.大

1.可以說是道頓堀象徵的螃蟹看板　2.店頭販售香氣四溢的炭烤螃蟹　3.螃蟹太卷￥1,728。是很受歡迎的外帶商品　4.新商品螃蟹包子￥500（1顆）也很適合作爲伴手禮

かに道楽 道頓堀本店

かにどうらくどうとんぼりほんてん

專門店才吃得到
種類豐富的螃蟹料理

以大螃蟹看板聞名的大阪螃蟹專賣店。從松葉蟹到毛蟹等，可以享用以各種螃蟹烹調而成的料理。店頭也有販售炭烤帝王蟹和伴手禮。

道頓堀 ▶ MAP 附錄 P.18 B-1

06-6211-8975 休無休 11:00～22:00
中央区道頓堀1-6-18 地鐵難波站14號出口步行5分 P無

道頓堀麵粉製品博物館

どうとんぼりくくるコナモンミュージアム

可以看、可以做、可以吃
體驗大阪的麵粉文化

整棟大樓都是以麵粉製品為主題。地下樓層可以自己烤章魚燒，3樓可以製作食物樣品模型，盡情享受麵粉製品的樂趣。

道頓堀 ▶ MAP 附錄 P.18 B-1

06-6214-6678 休無休
11:00～22:00（週六、週日、假日為10:00～）
中央区道頓堀1-6-12
地鐵難波站14號出口步行5分
P無

1.會動的大章魚看板就是標記　2.可以請專家教導，烤出自己喜歡的章魚燒

夫婦善哉

めおとぜんざい

在織田作之助的小說中也有登場、創業於明治16(1883)年的甜點鋪。以相傳只要夫婦或情侶一同享用就能圓滿幸福的「夫婦善哉」而聞名。

夫婦善哉￥815。一人份會分成2碗供應

法善寺橫丁 ▶ MAP 附錄 P.18 B-1

06-6211-6455 休無休 10:00～22:00 中央区難波1-2-10 地鐵難波站14號出口步行5分 P無

& MORE

風情十足的大人私房景點
法善寺橫丁

從道頓堀轉入小巷子，
氣氛就變得截然不同。

1.被苔蘚覆蓋的法善寺不動明王像。其模樣也被稱爲水掛不動　2.石板小路營造出與衆不同的氣氛

許多商店都會販售只有大阪才能買到的浮誇商品。

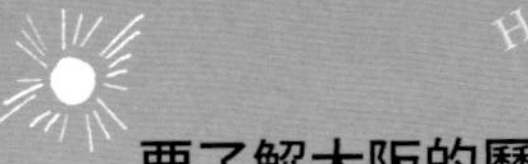

要了解大阪的歷史首先就要來這裡

在充滿綠意的大阪城公園進行歷史探訪

代表大阪歷史的地標景點・大阪城。
自然景觀豐富的公園也是廣受民眾喜愛的休憩場所。

與真田幸村頗有淵源的名城

金鯱
面容精悍、閃耀金色光芒的鯱型裝飾瓦。彷彿守護著天守閣般聳立

菊紋的破風裝飾
讓人感受到大阪城威風凜凜氣勢的裝飾。巨大的菊紋厚達5cm

伏虎
在最上層的四面畫有8頭呈捕獵姿勢的老虎

MORE ENJOY!

巡遊大阪城的護城河

大阪城御座船
おおさかじょうござぶね

以「豐臣期大坂圖屏風」上所繪製的鳳凰丸為藍本所建造的黃金船。可以近距離觀賞大阪城的石垣。護城河巡航時間大約為20分鐘。

大阪城公園 ▶ MAP 附錄 P.13 B-3

10:00～16:30（7月23日～8月底為～17:00）每隔15～30分鐘運行
※天候不佳時可能會停駛
¥1500

大阪城天守閣

おおさかじょうてんしゅかく

在與秀吉關係密切的大阪城了解其生涯和歷史

作為豐臣秀吉統一天下的據點而建造的大阪城。內部是8層樓建築的博物館，以設置於最上層的展望台為首，也能透過重現大坂夏之陣的迷你模型和復原的「黃金茶室」等豐富多元的展示來學習歷史。目前的天守閣是第3代，初代在「大坂之陣」時燒毀，第2代也因遭受雷擊而燒毀。

大阪城公園 ▶ MAP 附錄 P.13 A-3

06-6941-3044 休無休 9:00～16:30（閉館為17:00） 中央区大阪城1-1 JR大阪城公園站步行15分 ¥600円 P269輛

Discovery

大阪城

&MORE

誕生於大阪城公園、充滿和式摩登氣氛的美食景點

JO-TERRACE OSAKA
ジョーテラスオオサカ

位於大阪城公園站前、設有咖啡廳和餐廳的設施。可以邊眺望大阪城邊享受烤肉的樂趣，或是喝杯咖啡休息一下。是大阪城公園的新景點，非常受到矚目。

大阪城公園 ▶ MAP 附錄 P.13 B-3
06-6314-6444(代表號)
視設施而異

一邊眺望天守閣一邊烤肉

good spoon All Day Brunch & Dinner & BBQ Terrace
グッドスプーンオールデイブランチアンドディナーアンドバーベキューテラス

大阪城公園唯一能在露天座位烤肉的餐廳。店內也有西班牙小菜和燒烤料理等豐富的菜單品項可以選擇。

good spoonBBQ套餐¥6,000
（附無限暢飲）

大阪城公園 ▶ MAP 附錄 P.13 B-3
06-6450-6780 11:00～22:00

登上大阪城看看吧！

8F 展望台
可以爬樓梯或搭電梯到8樓，在離地面約50m處眺望景色

7F 機關太閤記
以立體模型與影像呈現秀吉的一生，播放時間約25分鐘

5F 大坂夏之陣圖屏風世界
將重要文化財「大坂夏之陣圖屏風」以微縮模型立體呈現

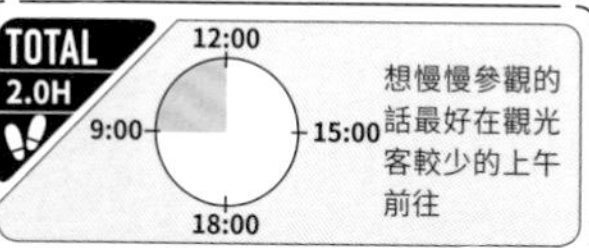

3F 4F 大坂城復原模型
除了豐臣時代與德川時代的模型之外，也復原了秀吉喜愛的黃金茶室

2F 金鯱&伏虎的複製品
展示現在用於天守閣上的金鯱與伏虎的原寸大複製品

1F 博物館商店
販售大阪城原創商品及大阪伴手禮的商店

TOTAL 2.0H
9:00 / 12:00 / 15:00 / 18:00
想慢慢參觀的話最好在觀光客較少的上午前往

除了天守閣以外也有很多值得一看的地方

大阪城公園
おおさかじょうこうえん

歷史悠久、充滿綠意的公園

以天守閣為中心，保存了櫻門和西之丸庭園等許多重要文化財與歷史遺跡的公園。被護城河與綠意給圍繞，是很適合散步或慢跑、受到當地人喜愛的地方。

大阪城公園 ▶ MAP 附錄 P.13 B-3
06-6755-4146（大阪城公園中心）
休 無休（一部分設施除外）
自由入園 中央区大阪城
JR大阪城公園站步行5分
¥ 免費（一部分設施除外） P 269台

從JR森之宮站和地鐵谷町四丁目站也可前往大阪城。

享受大阪的深度之旅

在新世界的昭和復古街道悠閒散步

體會不同於大阪站和道頓堀、洋溢復古氛圍的深度大阪！
也別忘了去通天閣和比利肯福神打聲招呼喔！

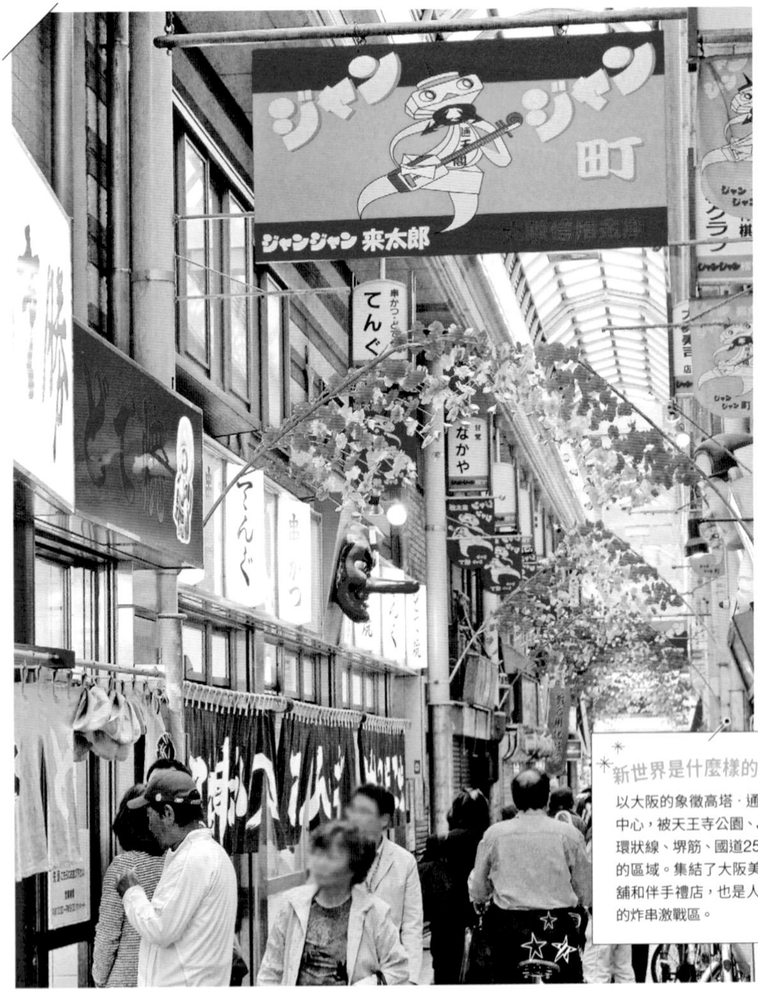

新世界是什麼樣的地方？

以大阪的象徵高塔．通天閣為中心，被天王寺公園、JR大阪環狀線、堺筋、國道25號包圍的區域。集結了大阪美食、老舖和伴手禮店，也是人氣鼎盛的炸串激戰區。

E

威風地聳立於新世界中心的通天閣。不妨從商店街或大樓之間的縫隙尋找不同角度的通天閣景緻吧！

D **てんぐ**

位於鏘鏘橫丁的炸串老店，特色是較厚的麵衣

06-6641-3577
10:30～20:30

C **觀光人力車 俥天力**（かんこうじんりきしゃしゃてんりき）

附贈有趣導覽的「人力車」。還可以聽到各種典故喔！

050-3554-3909
10:00～17:30（會視季節而延長）

B **ニュースター**

在大阪，只有這裡能玩到復古遊戲「Smart Ball」♪

06-6641-1164
11:30～22:00（週六、週日、假日為10:00～）

A

浮誇看板和比利肯福神會熱情地迎接大家。也有炸串和章魚燒等，到處都是大阪名物

以各式浴場和大型泳池為傲的Spa World世界大溫泉距離通天閣也很近喔！

被大阪人熱愛超過100年以上

登上浪速的艾菲爾鐵塔．通天閣吧!

與較為現代的阿倍野海闊天空大廈成為對比、留存濃濃昭和氣息的通天閣。
感受充滿古早味的大阪，再向比利肯福神打聲招呼吧！

這裡也不可錯過

體驗型新娛樂設施「TOWER SLIDER」

從距離地面22m的中間展望台3樓開始，在通天閣外圍環繞1圈半，直通地下1樓的溜滑梯。以約10秒鐘滑行全長60m的體驗，緊張又刺激，非常受歡迎。
(10:00～19:30，¥1,000)

通天閣

つうてんかく

自古以來守護下町老街的大阪象徵高塔

以帶有「通向天空的高聳建築物」意涵而命名的新世界象徵。從最頂樓的特別展望台到地下樓層的伴手禮店等，由上到下都設置了眾多娛樂設施。位於東面的巨大指針時鐘已更換成LED式、中間樓層也新蓋了溜滑梯等，大阪的艾菲爾鐵塔正在不斷地進化中。

新世界 ▶ MAP 附錄 P.20 A-1

☎06-6641-9555 休無休 營10:00～20:00(最晚入場為19:30) 浪速区恵美須東1-18-6 地鐵恵美須町站3號出口步行3分、JR新今宮站東出口步行6分 ¥900円 P無

1.可以遠眺阿倍野海闊天空大廈　2.一邊感受風的吹拂、一邊眺望景色，開放感絕佳

特別室外展望台

天望樂園

距離地面94.5m的特別展望台。露天式天花板充滿開放感，讓人心情舒暢。四周沒有屏蔽物，可以將新世界周邊盡收眼底。

【追加費用】￥300

※可以在5樓的諮詢台加購

前往通天閣 Let's Go!

Discovery

通天閣

4F

光之展望台

可以將阿倍野海闊天空大廈或天王寺動物園等大阪市景盡收眼底。到了夜晚 會有鏡球及華麗的燈光照明，搖身一變成為大阪味十足的光影空間。

4樓的展望台可以看到霓虹閃耀的夜景，非常推薦

5F

黃金比利肯神殿

在閃耀金色光芒的神殿中央有幸福之神「比利肯」坐鎮，據說只要撫摸祂的腳底就能讓願望成真。

日清小雞襪子

¥410

GIANT Dream Pocky

¥1,296

B1F

通天閣驚喜國度

販售與通天閣聯名的商品以及關西限定商品。可以免費進場，也有許多可以拍攝紀念照的地方。

中樓層屋頂

通天閣庭苑

誕生於中樓層屋頂的新景點。以「風、光、水、綠、心」為主題，在都會中享受和風風情。

1.使用竹子、石頭、木頭和植物等，展現出療癒的空間　2.晚上會點燈，搖身一變醞釀出幻想氛圍　3.使用青苔和竹牆等，連小地方都非常講究

3F

Luna Park微縮模型

展示明治45（1912）年開園的Luna Park微縮模型、影片和照片等，可以認識當時的新世界風景。也有販售原創商品。

彷彿讓人回到過去的微縮模型

通天閣頂部的圓形霓虹燈其實會顯示明天的天氣預報。

Aquatic Animals

在海邊的水族館療癒身心

前往能夠與鯨鯊相會的海遊館

在海遊館觀察自由奔放的生物們、
體驗感受海風的乘船之旅……充滿海邊獨特魅力的海灣地區。

有鯨鯊在等著你喔！

LET'S GO!

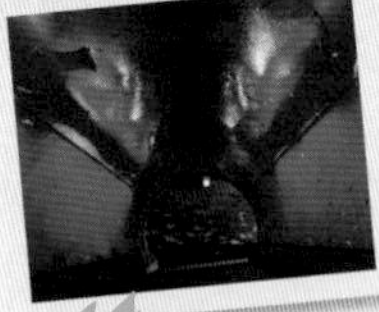

日本森林

有水獺和溪流中的魚類、鳥類棲息的區域

海底隧道

頭上有魚群悠游，就像海底隧道一樣

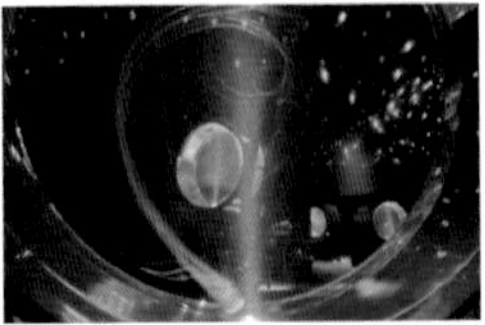

新體感區域

可以實際感受氣溫、聲音、生物的叫聲、氣味等

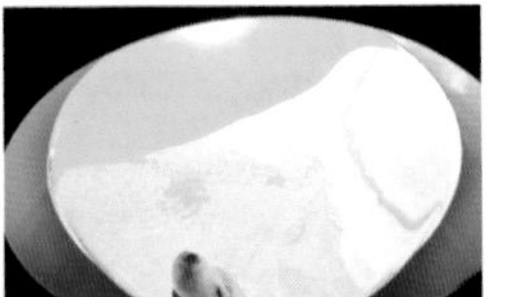

水母銀河

可以感受到水母特有的透明感與漂浮感等魅力的區域。讓水母的姿態來療癒你吧！

海遊館

かいゆうかん

以「所有生物都是相互作用而形成的一個生命體」為宗旨的水族館

以巨大水槽重現RING OF FIRE(環太平洋火山帶)和RING OF LIFE(環太平洋生命帶)。可以從8樓往下、邊繞行邊觀賞有鯨鯊悠游其中的「太平洋」水槽，以及能近距離觀賞生物的「新體感區域」等展區。另外還有充滿幻想氛圍的「水母銀河」和期間限定的獨特企劃展等，男女老少都能樂在其中。

天保山 ▶ MAP 附錄 P.3 C-4

06-6576-5501 休1月共有2天休館日 10:00～20:00(入館時間只到閉館前1小時為止)※視季節而異 港区海岸通1-1-10 地鐵大阪港站1號出口步行5分 ¥2400円 P1000輛

可以在此遇見的可愛生物們♡

C'mon! C'mon!

南極大陸
國王企鵝
體長90cm的大型種。特色是臉部周圍的黃色羽毛

日本森林
小爪水獺
自由自在的模樣超可愛的水邊偶像

蒙特利灣
加州海獅
或許可以看到牠們在岩石上舒服打盹的模樣

Zzz…

太平洋
無刺蝠鱝
彷彿振翅翱翔般的優雅泳姿令人印象深刻

庫克海峽
赤蠵龜
以柔和表情爲特色的海中明星

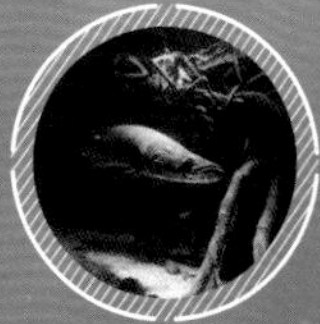

厄瓜多熱帶雨林
巨骨舌魚
自一億年前至今毫無改變、威風凜凜的古代魚

塔斯曼海
太平洋斑紋海豚
多才多藝的短吻海豚最喜歡玩耍

北極圈
環斑海豹
特色是圓滾滾的體型和大大的眼睛，性格膽小

阿留申群島
花魁鳥
特色是繁殖期時會在眼睛上方出現黃白色繁殖羽的一種水鳥，也很擅長潛水

&MORE 海遊館美食和商品也要CHECK！

※商品可能會有完售或價格調整等情形

伴手禮也超Cute!

座·海遊館公仔吊飾(扭蛋)
各¥300
生物們坐著休息的可愛模樣

布偶
國王企鵝3變化
¥2,860
一個玩偶就能讓國王企鵝做出從蛋→雛鳥→成鳥的變化

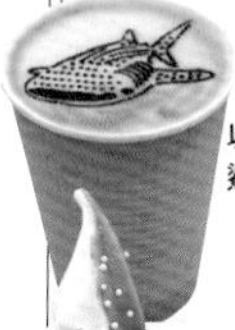

鯨鯊拿鐵
¥480
以可可粉製作的鯨鯊拿鐵拉花

鯨鯊霜淇淋
¥410
有著鯨鯊花紋的霜淇淋。藍色部分是彈珠汽水口味

必去景點再加3處

緩緩巡遊灣區的遊覽船

大阪港帆船型觀光船聖瑪麗亞號

おおさかこうはんせんがたかんこうせんサンタマリア

模仿抵達新大陸的哥倫布船艦「聖瑪麗亞號」打造出規模約2倍大的觀光船。從海遊館的西碼頭出發，遊覽大阪港一周。

天保山 ▶ MAP 附錄 P.3 C-4

0570-04-5551(大阪水上巴士) 休不定休 11:00～16:00之間整點出航（乘客較多時會加開） 港區海岸通1-1-10 地鐵大阪港站1號出口步行10分 ¥白天遊覽1600円 P1300輛（海遊館停車場)

從船上飽覽大阪灣區的海風與景色。也有發售與海遊館、天保山大摩天輪搭配的共通票券

從112.5m的上空遠眺的絕景

天保山大摩天輪

てんぽうざんだいかんらんしゃ

與天保山市場街相鄰、摩天輪直徑達100m的世界最大摩天輪。白天可以看見明石海峽和關西機場，夜晚會有LED照明點燈演出。

天保山 ▶ MAP 附錄 P.3 C-4

06-6576-6222 休1月共有2天休館日 10:00～21:45 港區海岸通1-1-10 地鐵大阪港站1號出口步行5分 ¥3歲以上800円 P1000輛（海遊館停車場)

可以搭乘所有方向的景色都能一覽無遺的透明車廂，來一場空中散步

既然來到天保山，這裡也不可錯過！

大人也沉浸其中的樂高世界

大阪樂高樂園®探索中心

レゴランドディスカバリーセンターおおさか

使用超人氣的樂高積木打造的遊樂園。除了有11種遊樂設施之外，也併設了咖啡廳和商店。是從大人到小孩都能一起同樂的空間。

天保山 ▶ MAP 附錄 P.3 C-4

0800-100-5346 休1～2月共有4天休館日 10:00～16:00(視季節而異) 港區海岸通1-1-10 天保山マーケットプレース3F 地鐵大阪港站1號出口步行5分 ¥2800円※只有大人或只有小孩的場合不可進場 P1300輛（海遊館停車場)

以大阪微縮模型作爲壓軸的小小世界®

360度一覽無遺的日本第二高樓

在阿倍野海闊天空大廈體會全景帶來的感動

佇立在天王寺公園旁，高度日本第二的超高層大廈
在都市裡就能看到毫無遮蔽、一望無際的美景

整面玻璃帷幕的「空中迴廊」開放感絕佳

一部分的地板是透明的，刺激度滿點

HARUKAS 300

阿倍野海闊天空大廈的觀景台。60樓為玻璃帷幕的「空中迴廊」，58樓則有室外廣場「天空庭園」，可以在距離地面300m的高處飽覽四周全景。

MAP 附錄 P.21 C-4
9:00～22:00（最晚入場為21:30）

門票
當日券 ¥1,500（18歲以上）
※於阿倍野海闊天空大廈售票處販賣

阿倍野海闊天空大廈

あべのハルカス

**有美景、美食也是購物天堂
擁有豐富多彩魅力的高樓建築**

JR、地鐵、近鐵都能抵達、地點絕佳的高樓大廈。除了有距離地面300m的展望台「HARUKAS 300」之外，還有都市型美術館「阿倍野海闊天空美術館」、賣場面積日本第一的「近鐵百貨海闊天空總店」等各式各樣的設施。由曾經設計過國立國際美術館的建築師西薩·佩里所監修的外觀設計也非常受到矚目。

天王寺 ▶ MAP 附錄 P.21 C-4
視設施而異　休 無休
視設施而異　阿倍野区阿倍野筋1-1-43
JR・地鐵天王寺站、近鐵大阪阿部野橋站即達
P 無

&MORE

也別忘了藝術、美食和購物

除了美景以外還有很多可以暢遊的地方

精心規劃的企劃展非常充實

阿倍野海闊天空美術館
あべのハルカスびじゅつかん

P.123

以多樣化店鋪為魅力、日本佔地最大的百貨

近鐵百貨海闊天空總店
あべのハルカスきんてつほんてん

從地下2樓到14樓，集結了服飾、美食、伴手禮等等。只有在高樓層景觀餐廳才能看到的景致也很受歡迎。

MAP 附錄 P.21 C-4
☎06-6624-1111 休不定休 視樓層、設施而異

12～14F
ABENO HARUKAS DINING
あべのハルカスダイニング

從輕食咖啡廳到大阪的名店，有多樣化的類型可以選擇

B2～B1F
ABENO FOOD CITY
あべのフード・シティ

集結了海闊天空限定甜點等好吃又可愛的伴手禮

PICK UP
絶景×咖啡廳

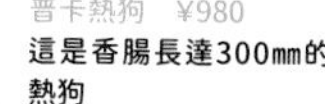

普卡熱狗　¥980
這是香腸長達300㎜的熱狗

藍天拿鐵
日落拿鐵
¥680
以鮮奶油象徵雲朵的拿鐵

鳳梨糖果冰淇淋
¥480
口感綿密的海闊天空限定商品

街道與天空在眼前開展，地點無可挑剔

天空庭園
てんくうていえん

58樓的挑高設計室外廣場。可以一邊享受戶外的空氣感與景色、一邊在露天座位品嚐於「SKY GARDEN 300」選購的餐點

晚上的展望台可以看到宛如發光地毯般的夢幻夜景。

無法想像是在都市中的療癒區域

前往都會的綠洲TEN-SHIBA

躺在都會中心的草皮上，或是逛逛周圍的時髦店家。
在位於天王寺公園的「TEN-SHIBA」度過開放感十足的假日吧♪

假日時也有人
會攜家帶眷
在草皮上休憩

1.可以從各種角度眺望阿倍野海闊天空大廈　2.聚集許多時髦的商店和餐廳　3.大大的「TEN-SHIBA」看板就是入口的標記！

天王寺公園 てんのうじこうえん

明治42（1909）年開園，擁有悠久歷史的公園。總面積約28公頃，佔地寬廣的園內包含了慶澤園、美術館、茶臼山、動物園等，有許多從小朋友到大人都能樂在其中的景點。

MAP附錄 P.20 B-2
06-6761-1770（慶澤園、茶臼山）　休無休（視設施而異）
7:00～22:00（視設施而異）　天王寺区茶臼山町1-108
JR天王寺站即達　¥視設施而異　P563輛

TEN-SHIBA

在繁忙的都會中喘口氣 綠意盎然的休憩場所

以約7000㎡的廣大草坪廣場為中心，集結了咖啡廳、餐廳、小朋友的遊戲場等多樣化的設施。從2015年重新開幕以來，就吸引了許多不分年齡世代的人前來，熱鬧非凡

天王寺 ▶ MAP附錄 P.20 B-3
06-6773-0860（TEN-SHIBA 管理事務所9:00～17:00）　休無休　7:00～22:00※一部分為24小時，視設施而異　天王寺区茶臼山町5-55　JR天王寺站即達　¥免費入場　P563輛

話題商店CHECK！

AOI NAPOLI IN THE PARK

あおいナポリインザパーク

輕鬆品嚐正統義大利料理

以外皮酥脆、裡面Q彈帶勁的窯烤披薩為傲的義式餐館。1樓與2樓的露天座位可以一邊眺望綠意盎然的草坪廣場、一邊享用料理。

天王寺 ▶ MAP 附錄 P.21 C-3

☎06-6773-2225 休無休

🕒11:00～22:00(LO21:00)

1.瑪格麗特披薩午間套餐（附湯）￥1,250
2.店內是天井高達8.7m的挑高空間，開放感極佳
3.2層樓建築的摩登構造，也設有露天座位

產直市場よってって

さんちょくいちばよってって

集結日本全國的美味商品

從大阪當地產品到自各縣市嚴選的蔬菜、水果、加工品等都有販售的直賣所。由於是生產者直送，因此可以用合理的價格提供「優質好貨」給顧客。

天王寺 ▶ MAP 附錄 P.20 B-3

☎06-6776-8829 休無休

🕒10:00～20:00

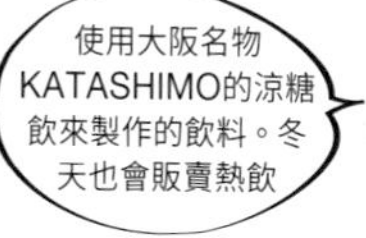

使用大阪名物KATASHIMO的涼糖飲來製作的飲料。冬天也會販賣熱飲

GOOD!

1.總公司位於和歌山，因此梅乾製品非常齊全　2.併設咖啡廳使用的食材也是直接使用生產者的供貨　3.涼糖飲蘇打￥250　4.店內也有許多生產者精心生產的當季商品

PICK UP

這裡也很推！

外盒是園內飼養的2頭長頸鹿的花紋

長頸鹿熱狗 ￥700

可以遇見動物的都會ZOO

天王寺動物園

てんのうじどうぶつえん

擁有超過百年歷史的動物園，可以在重現棲息地景觀的「生態展覽」中，看到動物自然生存的模樣。

天王寺 ▶ MAP 附錄 P.20 B-2

☎06-6771-8401 休週一(逢假日則翌平日休) 🕒9:30～16:00(5·9月的週六、週日，假日為～17:00) 📍天王寺区茶臼山町1-108 🚶JR天王寺站中央口步行10分 ¥500円 P無

JR天王寺站周邊也有「天王寺MIO」、「阿倍野Q's MALL」等大型商業設施。

讓商業街更顯美麗

歷史與文化氣息濃郁的中之島名建築

象徵水都大阪的中之島，有好幾處殘留濃厚時代背景的復古建築。
可以入內參觀、也可以在裡面喝下午茶……有多種享受的方式♪

Special Space

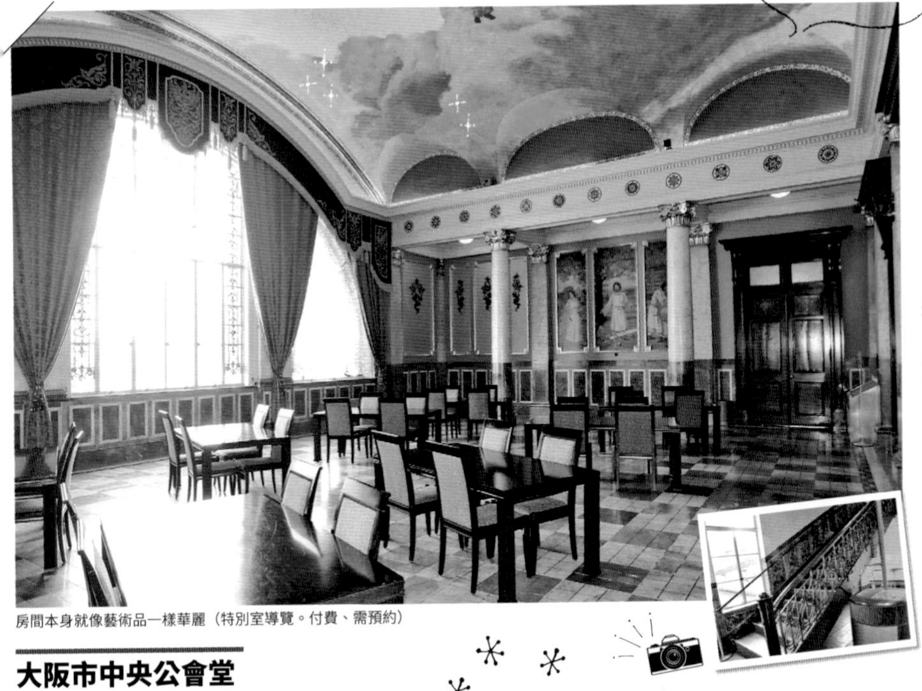

房間本身就像藝術品一樣華麗（特別室導覽。付費、需預約）

大阪市中央公會堂

おおさかしちゅうおうこうかいどう

保有創建當時壯麗外觀的中之島地標

大正7(1918)年竣工、屬於紅磚外牆讓人留下深刻印象的新文藝復興樣式，位列國家重要文化財。地下1樓的展示室可以自由參觀，也設有餐廳。室內各處都散發出能感受到歷史的建築之美，也常用於演講會或音樂會等場合。地下1樓的事務室有販售原創商品。

中之島 ▶ MAP 附錄 P.13 A-1
06-6208-2002（9:30～20:00）
休 每月第4個週二（逢假日則翌日休） 9:30～21:30
北区中之島1-1-27 地鐵淀屋橋站1號出口步行5分
¥ 30分鐘導覽500円 P 無

自當時至今都毫無改變的氣派建築令人遙想當年

PICK UP
復古建築的咖啡廳

附有司康等的下午茶套組￥2,700

店內對細節也非常講究，營造出可愛的氛氛

享受優雅的午茶時光

北浜RETRO
きたはまレトロ

明治45（1912）年作為證券公司的商館而興建的西式建築。可以在使用英國古董器具的店內品嚐下午茶。

北濱 ▶ MAP 附錄 P.13 A-1

06-6223-5858 休無休 11:00～19:00（週六、週日、假日為10:30～19:00）
中央区北浜1-1-26
地鐵北濱站26號出口即達 P無

以新潟產越光米做成的白米純生蛋糕捲￥345

大正11（1922）年竣工，作為舊報德銀行大阪分店大樓使用

米×西點的組合

五感 北浜本館
ごかんきたはまほんかん

販賣以米粉、黑豆等和風素材製作的甜點的西點店。可以在2樓的咖啡廳享用人氣甜點或午間套餐組合。

北濱 ▶ MAP 附錄 P.13 A-2

06-4706-5160 休不定休
10:00～19:00（沙龍為～18：00）
中央区今橋2-1-1 新井ビル
地鐵北濱站2號出口即達 P無

導覽體驗

展示室 地下室1樓可自由參觀。以史料和照片牆展示了創建當時到現今的歷史。

1.保留了創建當時的貴重資料 2.大阪市中央公會堂是由岩本榮之助捐款興建的 3.展示保存了當時所使用的木製椅子

特別室 在大正時代作為貴賓室所使用的特別室。牆壁和天花板畫有日本神話，整體空間極為華麗。

4.牆壁描繪了產業之神太玉命 5.以大阪市的市章「澪標」為設計的彩繪玻璃 6.天花板描繪的是日本神話中的一幕

& MORE
古典的大人社交場所

中之島SOCIAL EAT AWAKE
なかのしまソーシャルイートアウェイク

中之島 ▶ MAP 附錄 P.13 A-1

06-6233-9660
休每月第4個週二（逢假日則翌日休）
11:30～22:00（週六、週日、假日為11:00～）

位於大阪市中央公會堂地下樓層的餐廳。以帶有厚重感的梁柱及紅磚牆催生出摩登的空間，可以在此享用米其林主廚監修的料理。

也併設了舒適沉穩的餐廳和較為休閒的酒吧

在中之島地區，還有大阪府立中之島圖書館等復古建築。

Cool Japan

廣受世界矚目的建築物

造訪酷日本的展望台‧梅田藍天大廈

設置空中庭園的前衛造型，是世界知名的建築物。
從展望台可以飽覽大阪灣、明石海峽大橋、六甲山等絕美的景緻。

從空中庭園展望台看出去的全景美不勝收！

梅田藍天大廈‧空中庭園展望台

うめだスカイビルくうちゅうていえんてんぼうだい

受到全世界關注的建築物！

世界知名的連結型超高層建築。最上層設有彷彿漂浮在宇宙般的空中庭園展望台，可以從標高173m處眺望周遭景觀。最遠還能看到明石海峽大橋和六甲山系等。

新梅田City ▶ MAP 附錄 P.6 A-1

☎06-6440-3855　休無休（視設施而有不同的公休日）
🕒9:30～22:00　📍北区大淀中1-1 梅田藍天大廈39F、40F、屋頂　🚶JR大阪站中央北口步行7分
¥成人1500円　P460輛

先搭乘視野360度的電梯到35樓，再改搭透明電扶梯到39樓的入口。在40樓的展望樓層也備有吧檯式座椅

浪漫滿點的星空步道♪

能感受到近未來的造型空中庭園

Lumi Sky Walk
ルミ・スカイ・ウォーク

屋頂迴廊「Sky Walk」一到夜晚，鑲嵌其中的蓄光石就會閃閃發光，變成星空步道，非常浪漫。

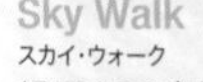

Sky Walk
スカイ・ウォーク

視野360度開展的屋頂迴廊。是可以親身感受陽光和微風、遠眺周遭環境景色的開放空間。

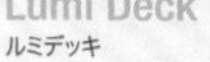

Lumi Deck
ルミデッキ

可以將刻有紀念日或名字的「Heart Lock」鎖在這一層。以色彩繽紛的心型鎖頭為背景拍照也很漂亮。

& MORE

欣賞黃昏與夜晚的美景！

從Sky walk朝向淀川方向可以欣賞到夕陽西沉的美景。入夜後，北區的大廈群就會亮起燈光，宛如珠寶盒般美麗。

PICK UP

餐廳和商店

39F UMEDA SKYBLDG GALLERY SHOP
ウメダスカイビルギャラリーショップ

除了梅田藍天大廈的限定商品之外，也販售原創商品。此外還精選從招牌商品到罕見款的眾多大阪伴手禮。

10:00～22:00

39F 中國料理 燦宮
ちゅうごくりょうりさんぐう

以發揮魚翅、鮑魚、龍蝦等嚴選素材美味的海鮮料理為中心的廣東料理餐廳，可以吃到傳統與進化並存的多種菜色。

11:30～14:00、17:00～21:00

39F SKY LOUNGE STARDUST
スカイラウンジスターダスト

透過極具特色的大型圓窗，欣賞窗外如寶石散落般的璀璨夜景。在這個天空酒廊，可以搭配種類豐富的雞尾酒或名酒一起享用套餐料理。

17:00～22:00

40F cafe SKY40
カフェスカイ40

販售使用嚴選咖啡豆自家烘培的原創咖啡，以及大約50種世界各國啤酒的咖啡廳。多達9種顏色的漂浮汽水也很受歡迎。

10:00～22:00

地下1樓有重現昭和懷舊街景的餐飲街「滝見小路」。

充滿活力與美食的大阪人的廚房

在黑門市場邊走邊吃各式好料

活力十足的攬客招呼和誘人的香氣，都在吸引你走進店裡。
這裡的每間店鋪都是人情味滿滿的名店！

黑鮪魚三色丼
¥2,000
集結了大腹肉、中腹肉、赤身、蔥花鮪魚等，限量20份的人氣餐點

まぐろや黑銀

まぐろやくろぎん

黑鮪魚的美味讓人讚不絕口

從日本國產到外來進口，以合理價格提供極上黑鮪魚的鮪魚專賣店。除了外帶之外，店頭的小攤也會現切壽司和生魚片，讓客人當場品嚐。請務必親身感受生鮪魚的美味！

黑門市場 ▶ MAP 附錄 P.19 D-3

06-4396-7270 休無休
9:00～17:00 中央区日本橋2-11-1 地鐵日本橋站10號出口步行5分 P無

被現場表演吸引過來的人潮總是擠滿店門口

職人技巧就在眼前！彷彿到了高級壽司店

外帶用的丼飯從￥1000起，價位非常合理

1.新鮮的魚貝類也可以在店頭享用 2.從老舖和菓子店到甜點店，商店的種類非常豐富 3.想邊走邊吃的話，建議在商品較齊全的上午前去 4.平日也有很多購物人潮，非常熱鬧

黑門市場是什麼樣的地方？

大阪商人們也掛保證！

東西300m、南北80m的拱廊商店街。以鮮魚店為中心，林立著各種食品相關商店。原本是以出貨給餐飲店或家庭的小賣店為中心，近年來也有很多店家開始在店頭販售炭烤海鮮或是蔬果店供應的現打果汁等品項。

和商家對話也是逛市場的醍醐味

高級水果禮盒也頗受好評

有大量水果的鮮奶油蛋糕也很受歡迎

不斷添加高湯引出食材的滋味，讓風味更顯醇厚

採用美味熟食製作的大分量便當也是人氣商品

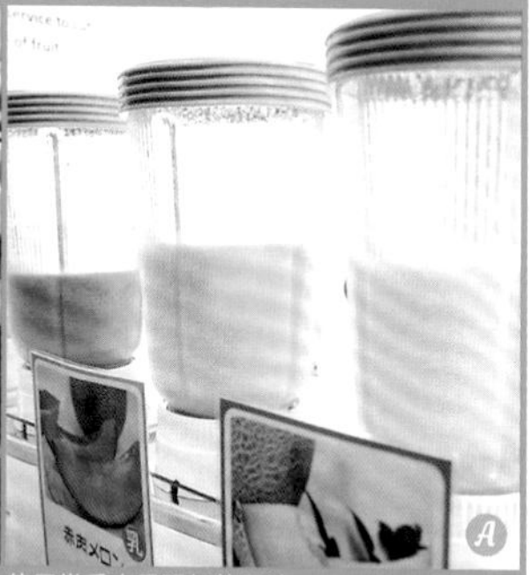

使用當季水果現打的果汁

關東煮 各¥100～（牛筋為¥140）
配料都比較大，購買時會幫忙切成小塊

石橋食品

いしばししょくひん

備受當地人喜愛的家庭口味

昭和49（1974）年創業的熟食店。店頭除了每天備有大約30種的手作熟食之外，也有販售以關西風的甜味高湯確實燉煮入味的熱呼呼關東煮。

黑門市場 ▶ MAP附錄 P.19 D-3

06-6632-0433　休 週日、假日　9:00～17:00
中央区日本橋2-2-20
地鐵日本橋站10號出口步行5分　P 無

果園蛋糕捲 ¥1,836
甜度較低的鮮奶油搭配水果的甜味，契合度超高

綜合水果果汁 ¥380
以8～10種當季水果打成的奢華果汁

ダイワ果園 大阪黑門本店

ダイワかえんおおさかくろもんほんてん

琳瑯滿目的嚴選水果

精選來自日本全國的高級水果的老舖水果專賣店。如果想放鬆一下吃個東西，使用大量當季水果製作的原創果汁和蛋糕也很推薦。

黑門市場 ▶ MAP附錄 P.19 D-2

06-6633-1095　休 週日　9:00～18:00
中央区日本橋1-22-20
地鐵日本橋站10號出口步行5分　P 無

有些商品可能上午就會賣完，如果有鎖定的店家最好早一點過去。

集結了年輕人的潮流文化

美國村流行的外帶美食♪

聚集許多個性商店的美國村，甜點也很與眾不同？
這裡有色彩繽紛的冰淇淋和鬆餅，不妨拍照打卡炫耀一下吧！

美國村是什麼樣的地方？

以三角公園為中心，在大樓中擠進古著店、生活雜貨等店家的區域。最近陸續開了能PO網分享的甜點店，簡直就是年輕人文化的聖地！

1.有街頭系也有視覺系，店家的類型很豐富　2.在休憩場所「三角公園」小憩一下♪　3.美國村有名的壁畫「PEACE ON EARTH」

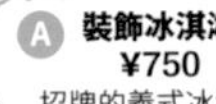

A **裝飾冰淇淋**
¥750
招牌的義式冰淇淋加上可愛的餅乾

A **彩虹甜筒**
¥450
全部6種口味一次滿足！外觀也超美，可以吃到各種口味

A **雲朵冰沙**
¥650
模仿雲朵造型的優格口味冰沙

ポッピンスウィーティーズ
A Poppin Sweeties

憑藉美麗的玫瑰造型義式冰淇淋，以及用餅乾裝飾得很可愛的冰淇淋美照而引發話題的人氣店家。繽紛多彩的華麗甜點，可愛到讓人捨不得吃。

美國村 ▶ MAP 附錄 P.17 C-3
06-4963-3747　休 不定休　13:00～19:00
中央区西心斎橋2-11-9 1F　地鐵心齋橋站7號出口步行5分　P 無

B イッキカステイラ IKKI KASUTEIRA

作法講究的卡斯堤拉，不管是剛烤好還是冷掉後都很鬆軟美味。也有巧克力和抹茶等口味，可以自由加購組合。

美國村 ▶ MAP 附錄 P.17 C-2
06-6243-0202 休無休
11:00～21:00 中央区西心斎橋1-7-8
地鐵心齋橋站7號出口步行5分 P無

C ストロベリーフェチアメリカむらてん Strawberry Fetish 美國村店

將祭典常見的糖漬草莓進化為現代風甜點的專賣店。從糖衣開始就極為講究，不同季節也會推出限定的糖漬水果。

美國村 ▶ MAP 附錄 P.17 C-3
06-6210-3928 休不定休 11:00～19:00(週六、週日、假日為10:00～20:00)
中央区西心斎橋2-11-9
地鐵心齋橋站7號出口步行5分 P無

D おおきにコーヒーしんさいばしアメリカむらてん おおきにコーヒー 心齋橋美國村店

取「0092」（音近おおきに）的諧音，咖啡和綜合果汁都有超便宜的 99 元品項，因而蔚為話題。在心齋橋美國村店還提供好幾種特殊的熱狗堡等輕食。

美國村 ▶ MAP 附錄 P.17 C-3
06-4706-0092 休不定休 11:30～19:30(週六、週日、假日為10:30～) 中央区西心斎橋2-10-21 地鐵心齋橋站7號出口步行5分
P無

E しんあんじゅしんさいばしてん 辰杏珠 心齋橋店

黑糖珍珠是將從台灣進口的生珍珠仔細以黑糖熬煮入味而成，非常受歡迎。大顆又Q彈的口感、香甜濃郁的黑糖搭配鮮奶，讓美味更鮮明。

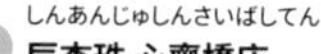
美國村 ▶ MAP 附錄 P.17 C-2
06-6563-7668 休無休
12:00～21:00 中央区西心斎橋1-6-35 井筒屋清水町ビル1F
地鐵心齋橋站7號出口步行5分 P無

B 卡斯堤拉佐鮮奶油 ¥500
剛烤好的卡斯堤拉搭配北海道產的鮮奶油沾醬

B 裝飾冰淇淋百匯×卡斯堤拉 ¥600
選擇喜歡的配料加上卡斯堤拉做成獨創的百匯

C 草莓糖 ¥550
(菜單會視季節而變更)
薄得恰到好處的糖衣，咬起來酥脆、容易食用，讓草莓的美味倍增！

D 感謝香蕉堡 ¥390
放了一整根香蕉！搭配生奶油和巧克力的組合讓人欲罷不能

D 感謝咖啡 (S size) ¥99
使用最高級咖啡豆的絕品調和咖啡。首先就從這杯開始！

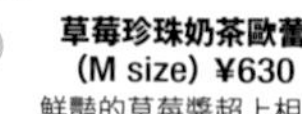

E 草莓珍珠奶茶歐蕾 (M size) ¥630
鮮豔的草莓醬超上相！草莓的果肉感值得推薦

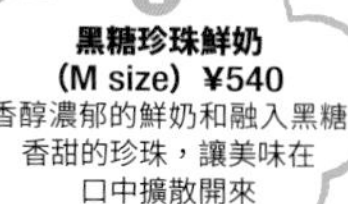

E 黑糖珍珠鮮奶 (M size) ¥540
香醇濃郁的鮮奶和融入黑糖香甜的珍珠，讓美味在口中擴散開來

美國村還有燈泡汽水和哈密瓜麵包冰淇淋等眾多甜點喔！

鬆軟綿密的美味！一整年都想吃！

冰冰涼涼的甜點刨冰

現今的刨冰已經是不分季節都想吃到、不斷進化的人氣甜品了。
下面要介紹專賣店、咖啡廳、甜品店所推出的種類豐富又講究的冰品。

黃昏
～TASOGARE～
¥1,010
(配料的鯛魚燒最中＋¥20)
刨冰加了很多甜味高雅的紅豆泥。S size（¥800）也可以外帶

有鯛魚圖案的桌椅也很可愛

生草莓刨冰
¥1,400
這一天使用的是只有靜岡縣一家農園生產的草莓「あまみつ」

吧檯座前的白色牆壁上
貼著名片大小的刨冰菜單

與名物雕魚燒並列的人氣刨冰

おおさかなにわや
大阪浪花家

師承東京麻布的名店「浪花家」的店主所開設的分號。用於名物品項雕魚燒和刨冰的紅豆泥選用北海道產的紅豆，以羽釜每天花8個小時炊煮，風味和口感都極為美味。一整年大約會提供60種的刨冰。

中崎町 ▶ MAP 附錄 P.9 D-2
06-6371-1877 休週一（逢假日則翌日休） 12:00～21:00（週六、週日、假日為11:00～20:00） 北區中崎1-9-21天五中崎通商店街 地鐵中崎町站1號出口即達 P無

麵包與甜點的選物店

べつばら

從「茶房チェカ」的甜點到「トロワ」的麵包等，店內羅列了許多店主喜歡的美食。為了讓顧客感受新鮮的香氣，甜度較低、清爽不膩口的糖漿，會在點餐後才將水果打汁進行製作。

新町 ▶ MAP 附錄 P.14 A-1
06-6531-3171 休週日、週一
11:00～18:00（17:30LO）、刨冰提供時間為13:00～
西區新町2-17-3 新町アパート1F
地鐵西大橋站步行5分 P無

豆花冰
¥950
刨冰上放了自家製豆花、珍珠、季節水果、花生、紅豆泥等，配料滿滿

綜合水果冰
¥1,500
淋上4種水果糖漿 再放上大阪產奇異果等大量切塊水果，讓人大大滿足的刨冰

花見糰子(春季菜單一例)
¥1,300
從花瓣開始處理的櫻蜜、煉乳等都是店家費心製作的。刨冰裡還放了手作的水羊羹

充滿時尚氣息的吧檯座

豆花和杏仁的溫和甜味超誘人

カイゲンカフェ

Kaigen Cafe

這是由中國出身的店主和來自台灣的主廚提供家鄉麵類料理和甜點的咖啡廳。黑蜜使用沖繩產的黑糖、豆花則是訂購北海道產的黃豆等，糖漿和甜點都是在店內親手製作的。

本町 ▶ MAP 附錄 P.6 A-4
06-6441-1622 休週四
11:30～22:00（21:00LO）
西区靭本町2-2-23
地鐵本町站23號出口步行8分
P無

一樓深處的座位，也有許多單獨前來的客人

菜單豐富，讓人煩惱不知該點哪個

コチカゼ

kotikaze

過去曾在日本料理名店修業的店主所經營的2層樓獨棟建物咖啡廳。除了販售頗受好評的「松花堂便當」之外，也提供和菓子和百匯等甜品。季節限定（4月～10月）推出的刨冰，經常備有50種以上。

玉造 ▶ MAP 附錄 P.15 D-2
06-6766-6505 休 不定休 9:00～17:00（15:30LO） 天王寺区空清町2-22 地鐵玉造站2號出口步行7分 P無

復古糖色的店內空間以吧檯座為中心，也有桌位

讓人驚訝不已的藝術冰品

かきごおりみしょう

かき氷 みしょう

以讓人印象深刻的視覺效果頗受好評的刨冰。據說店主當初是為了對食物過敏的女兒才開始手作甜點，並展開了研究究極刨冰之路，這也成了開店的契機。目前有6種刨冰每週更換，偶爾也會出現客製化冰品。

中崎町 ▶ MAP 附錄 P.9 D-2
080-3202-8401 休 不定休 12:00～18:00LO 北区中崎西1-6-22 2F 地鐵中崎町站4號出口步行5分
P無

依照時期不同，可能會出現刨冰必須提前預約的場合，請事先確認。

Osaka Shopping

光是逛逛就充滿樂趣！

個性豐富的有趣商店街

也有許多話題店家

大阪有好幾條商店街，依照地點不同而各有特色。
一起來逛逛時尚、美食、生活用品等充滿個性的商店街吧！

1.感覺就像到了韓國旅行一樣　2.也可以在攤販買到泡菜、辣炒年糕等　3.有各種泡菜秤重販售　4.就像市場一樣充滿活力的商店街

宛如身處韓國般的異國空間
鶴橋商店街

つるはししょうてんがい

位於JR鶴橋站旁的關西首屈一指的韓國城。除了泡菜專賣店之外，也集結了各式各樣的專賣店，感覺就像置身於韓國一樣。

鶴橋 ▶ MAP 附錄 P.15 D- 3

休 L 視店鋪而異
📍東成区東小橋3-16-6
👣JR鶴橋站步行3分
P 無

1.支撐天下廚房的餐廚用品商店街　2.也有大阪人不可或缺的正統章魚燒機　3.從食品模型到有趣的商品都有販售　4.餐具種類豐富，價格也很合理

料理人也會前往的批發街
千日前道具屋筋商店街

せんにちまえどうぐやすじしょうてんがい

有料理器具和餐具等，跟餐廚有關的專賣店就超過了40間。看板、暖簾等在其他商店街不常見的商品，這裡都買得到。

難波 ▶ MAP 附錄 P.19 C-3

休 L 視店鋪而異
📍中央区難波千日前周邊
👣地鐵難波站4號出口步行3分
P 無

1.從高級精品店到話題商店，什麼樣的店都有　2.不分男女的服飾店也很豐富　3.也有好幾間藥局和咖啡廳　4.可以讓人掌握快時尚流行

代表南區的商店街
心齋橋商店街

しんさいばしすじしょうてんがい

從大阪的老店到社群網路上的話題店家，由大約180間店鋪所組成、長約580m的商店街。每天都擠滿了當地人和觀光客，非常熱鬧。

心齋橋 ▶ MAP 附錄 P.17 D-2

休 L 視店鋪而異
📍中央区心斎橋筋1～2
👣地鐵心齋橋站即達　P 無

想買的東西都在這裡 Shopping

從服飾到生活雜貨、伴手禮等，有好多想帶回家的東西。在店鋪選購時的雀躍感也讓人感受到樂趣。

graf studio (shop & kitchen)
グラフスタジオ(ショップアンドキッチン)
>>P.102

Big shopping building

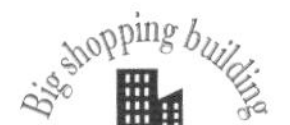

集結大眾感興趣的商店！

在大阪站前來場SHOP巡航

造訪大阪站前的兩大購物設施LUCUA osaka與GRAND FRONT大阪的商店
尋找好東西，給自己或是重要的人買個紀念品吧！

大阪的玄關口‧大阪站前
簡直就像個城鎮一樣

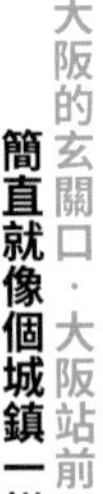

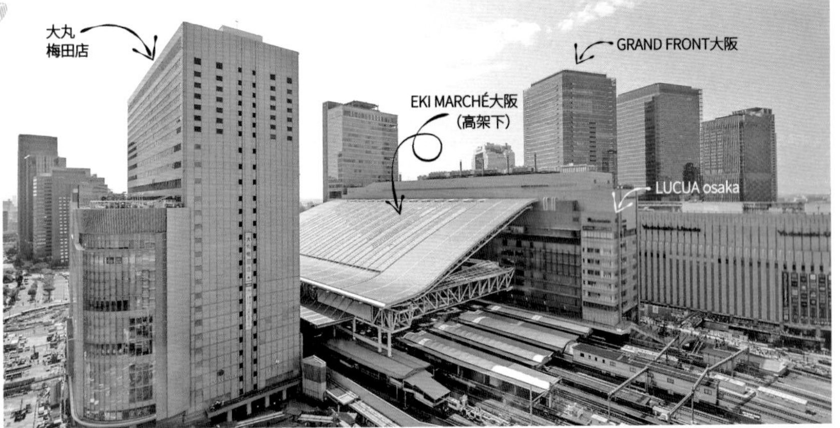

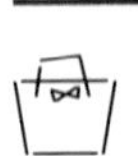

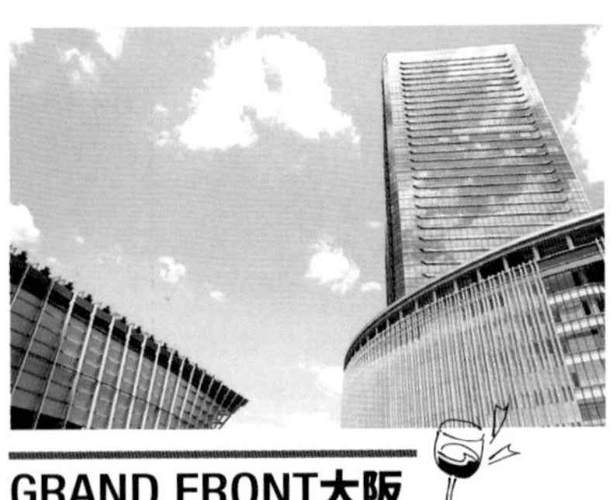

可以購物、用餐、體驗！
西日本最大型的站前購物設施

GRAND FRONT大阪

グランフロントおおさか

約7萬㎡的廣大腹地，有南館、北館、Owner's Tower等4棟大樓加上梅北廣場所構成，是西日本最大的複合性商業設施。以話題商店為首，總計約有260間商店和餐廳進駐。

大阪站前 ▶ MAP 附錄 P.8 A-3

06-6372-6300　休 不定休　11:00～21:00（餐廳為11：00～23：00）※視店鋪而異　北区大深町
JR大阪站中央北口即達　P 330台

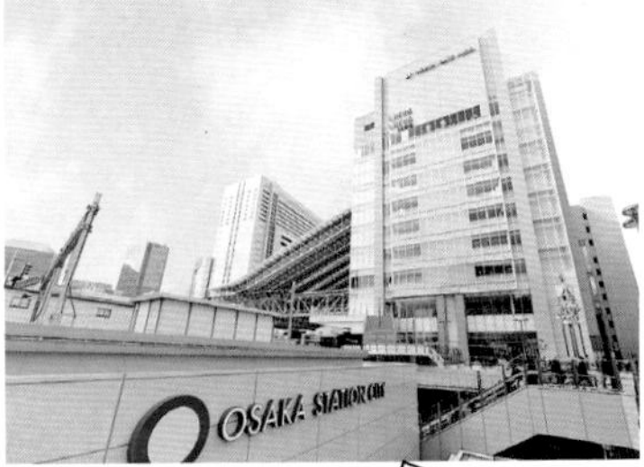

集結最新潮流
車站型的商業設施

LUCUA osaka

ルクアオオサカ

「LUCUA osaka」分為東館的「LUCUA」與西館的「LUCUA 1100」2棟大樓，是日本國內最大型的車站型商業設施。有許多新開的店鋪櫛比鱗次，可以在此掌握最新的潮流趨勢。

大阪站前 ▶ MAP 附錄 P.8 A-4

06-6151-1111　休 不定休
10:30～20:30（※部分店鋪除外）　北区梅田3-1-3
直通JR大阪站　P 有合作停車場約650輛

讓挑禮物也變得快樂
流行又可愛的FEILER

LUCUA 1100 5樓

LOVERARY by FEILER

ラブラリー バイ フェイラー

來自德國的人氣品牌「FEILER」所推出、以禮物為概念的商店。能夠確實吸收水分、觸感蓬鬆柔軟的雪尼爾材質，每次使用都能療癒身心。可以從眾多的顏色與圖案中挑選自用或是送給重要之人的禮物。

06-6151-1493　10:00～20:30

Very Cute!!

LOVERARY PRETTY COLOR緞帶刺繡面紙包 ¥2,530
以緞帶刺繡和閃亮的萊茵石為設計重點

TSUN TSUN BAMBINO手帕 ¥2,420

LOVERARY NANIWA TEDDY章魚燒手帕 ¥2,420
LUCUA 1100店限定商品。也是很熱賣的大阪伴手禮

SOMETHING BLUE手帕 ¥2,420。有戒指和皇冠等珠寶的設計圖案

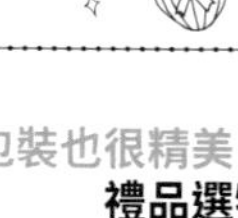
HELLO TEDDY手帕 ¥2,420
人氣角色「LOVERARY Nico」超可愛

包裝也很精美！
禮品選物店

LUCUA 9樓

BIRTHDAY BAR

バースデイバー

以生日為主題的禮品選物店。廚房家電、衛浴用品、化妝品等豐富品項會讓心情也跟著雀躍不已。讓邊想著重要的人邊挑選賀禮或禮品的時間也變得幸福起來。

06-6151-1398　10:30～20:30

BOSCHETTO ¥378
不使用雞蛋、無麩質的溫和餅乾

STORM GLASS CLOUD ¥3,300
依照氣溫不同，呈現的狀態也會跟著改變的玻璃擺飾

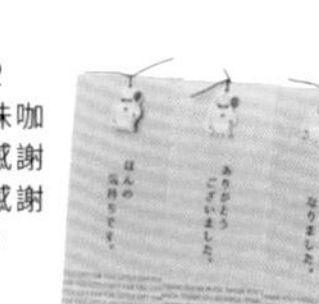

Yeah!

感謝妖怪風味飲料 ¥432
在風味茶和風味咖啡包裝上附有感謝小語，是傳達感謝心情的問候禮物

迷你蠟燭燈 ¥4,400
不使用火的香氛照明

GRAND FRONT大阪 北館1樓

ZARA HOME

ザラホーム

每週2次新品進貨！
全球性的家飾品牌

能夠掌握家飾最新潮流、來自西班牙家飾流行品牌。店內會依照不同的系列和品項而有不同的展示方式，可以作為居家擺設時的參考。不論餐具、織品還是雜貨，都可以在這裡找到別處沒有的獨特設計。

06-6359-2651　11:00～21:00

GRAND FRONT大阪北館6樓的「UMEKITA FLOOR」裡，進駐了許多時髦的餐廳和酒吧。

巷弄裡有許多可愛的小商店！

在中崎町發現復古又可愛的雜貨店

儘管鄰近鬧區，卻洋溢著昭和復古氛圍的中崎町。
只要轉進小巷，或許就能發現靜靜佇立在那裡的可愛商店。

邊尋找可愛的看板邊四處逛逛吧！

許多融入民宅之間的商店

擺滿女孩子「愛好」的雜貨店

Attic Days

アティックデイズ

就如同店名「Attic」，是一間宛如充滿玩心的閣樓那樣的生活雜貨店。店內擺滿了創作者手作的作品，或是設計別具一格的帽子等成熟又可愛的物品。

中崎町 ▶ MAP 附錄 P.9 C-1

☎06-6136-5680 休週一、週二、不定休
12:30～18:00 北区中崎西4-1-9 地鐵中崎町站2號出口步行4分 P無

也有很多貓頭鷹主題的商品

也有販售衣服或帽子等流行服飾

脖圍
¥10,450
轉到不同面就會呈現出不同感覺的脖圍。附天鵝胸針

花型耳環
¥3,630
繽紛的用色讓耳際也變得華麗

羊毛胸針
¥4,800
讓人印象深刻的胸針。就算只是擺著也很可愛

胸針
¥17,160
以遺髮製作而成的胸針。是維多利亞時代的物品

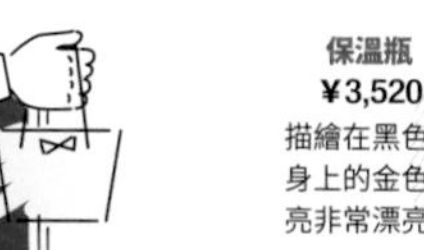

保溫瓶
¥3,520
描繪在黑色瓶身上的金色月亮非常漂亮

nikibbit作品
「小憩」
¥16,500
以旅途中的歇息為意象的人偶擺設品

充滿獨特的世界觀
可以遇見超現實的作品

Guignol

ギニョール

主要販售作為店名由來的人偶主題雜貨，以及從歐洲購入的二手商品和創作者們充滿個性的作品。2樓會舉辦創作者個展或相關活動。

中崎町 ▶ MAP 附錄 P.9 D-1

☎06-6359-1388
休 週一、週二（可能會臨時休店）
🕒12:00～19:00　📍北区中崎2-3-28
地鐵中崎町站2號出口即達　P 無

也有耳環或項鍊等飾品

喜歡古董的店主所收集的雜貨

雞蛋三明治 ¥600
夾入鬆軟玉子燒的三明治

就像是去朋友家玩一樣的溫馨氣氛

一打開門就能看到外帶用的展示櫃

Bakery Cafe 伊勢屋

順道來去咖啡廳

べーかりーかふぇいせや

能感受到民家韻味的店內空間，需要脫鞋才能進入。原本是廚師的老闆娘以Q彈吐司製作的分量滿點菜色是人氣商品。

中崎町 ▶ MAP 附錄 P.9 D-1

☎06-6375-3858　休 週二、其他不定休　🕒10:30～18:00
📍北区中崎西4-1-1
地鐵中崎町站2號出口即達
P 無

中崎町的古老長屋都是躲過第二次世界大戰戰火的寶貴老屋。

可以發現讓人心動的商品

堀江的超時尚商店巡禮

有許多選物店的堀江也備受對時尚敏感的成年女性關注。
不妨以散步的心情慢慢閒逛、找出感興趣的商店吧！

以高品味小物
演繹出特別的一天

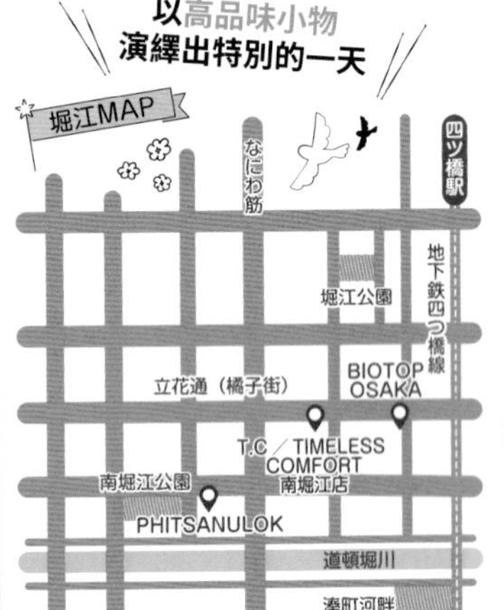

1.威嚴佇立的建築物也是堀江的地標　2.店內陳列了自國內外採購的精選商品　3.1樓有販售化妝品等生活雜貨　4.一隅的吧檯可以喝到手沖咖啡

也提供觀葉植物等植物生活品項

4樓可以吃到紐約風格的窯烤披薩

Yohaku
有機芳香噴霧
¥3,850
含有護手保濕劑的手部芳香噴霧。也可作為室內芳香噴霧使用

BIOTOP OSAKA

ビオトープオオサカ

有服飾、化妝品、生活用品等，可以讓每天的生活更加豐富的高時尚敏感度商品一應俱全的選物店。也併設了咖啡廳、餐廳和有機商店。

堀江 ▶ MAP 附錄 P.16 B-3
☎06-6531-8223　休 不定休
🕒11:00～21:00（視併設店鋪而異）
📍西区南堀江1-16-1 メブロ16番館1・2・4F
地鐵四橋站6號出口步行5分　P 無

讓每天的生活更舒適的時髦小物

1樓為生活雜貨，2樓販售家飾用品

Hydro Flask
不鏽鋼保溫壺
¥3,850
12oz的咖啡保溫壺。顏色也很豐富

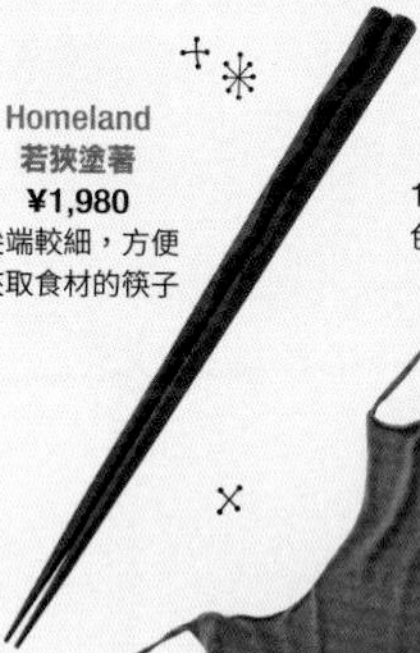

Homeland
若狹塗箸
¥1,980
尖端較細，方便夾取食材的筷子

Homeland
針織圍裙
¥7,700
貼合身體的柔軟針織素材

REDECKER
桌面清潔刷
¥2,860
刺蝟造型的可愛清潔刷，當作擺設也很不錯

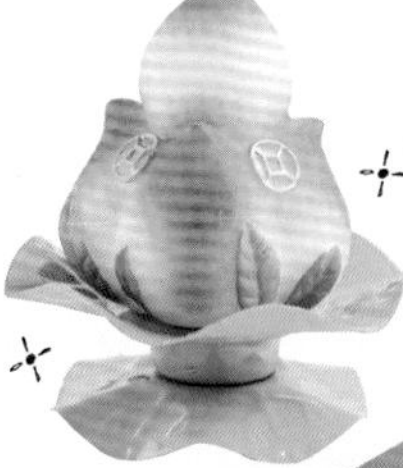

充滿懷舊風格色彩繽紛的亞洲雜貨

壽桃蠟燭 ¥1,760
越南的佛具。不點火、當作裝飾品也很不錯

中華料理撲克牌
¥1,290
上面畫有中華料理圖案的獨特設計

馬爾濟斯戒指盒
¥1,100
可以用來妝點房間的有趣戒指盒

熊貓襪子 ¥1,100
很有中國味道的滿版貓熊圖案

店內充滿紅色、黃色等鮮豔的色彩，讓人無法壓抑悸動的心

T.C／TIMELESS COMFORT南堀江店

タイムレスコンフォートみなみほりえてん

從世界各國收集來的室內擺設品和廚房用品、流行雜貨等一應俱全的生活用品商店。2層樓建築的寬廣店內也併設了咖啡廳。

堀江 ▶ MAP 附錄 P.16 B-3

☎06-6533-8620 休不定休 ⏰11:00～19:00 ⚲西区南堀江1-19-26 地鐵四橋站6號出口步行7分 P無

PHITSANULOK

ピサヌローク

店內販售的全是店主發揮「俗又有力」的眼光，從泰國、越南、中國、台灣等地採買的獨特雜貨。大膽的用色和花紋，光是用看的就覺得非常有趣。

堀江 ▶ MAP 附錄 P.16 A-3

☎06-6538-2090 休週三 ⏰13:00～19:00 ⚲西区南堀江2-5-23 地鐵櫻川站5號出口步行5分 P無

有許多高質感店鋪林立的立花通也被稱為「ORANGE STREET」（橘子街）。

誕生於大阪的創意集團graf

遇見讓生活更豐富的家具&用品

從空間、家具、用品的設計到藝術、餐飲等，「graf」致力於推出跟生活有關的各種物品。只在這裡獨賣的商品，或是跟創作者、廠商合作的聯名商品都不可錯過！

點綴心靈富足的生活
經過計算的簡樸設計

SPHELAR STICK
各¥11,000

極簡設計的太陽能LED筆燈。在戶外活動時非常有用

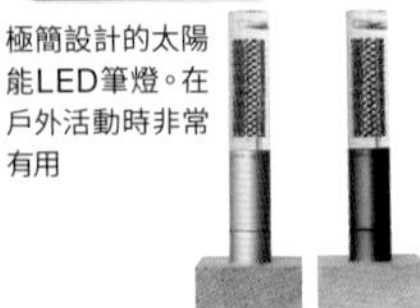

graf原創調和茶
¥1,296～

可以從眾多口味中選擇的紅茶，每種都有茶包和茶葉等2種款式可以選擇

三角筷
各¥1,100～

形狀合手、用起來極為舒適的筷子，也很適合當作禮物

《歡迎、歡迎 第一次的設計》
¥2,090

介紹實際成立graf這個組織的工作人員們的想法與展望的一本書

graf studio (shop&kitchen)

グラフスタジオ(ショップアンドキッチン)

沉浸在以大阪為據點的創意集團「graf」的世界當中

創意集團「graf」的商店＆廚房。展示了原創家具和商品的店內，光是看著就讓人雀躍不已。在餐飲空間裡可以品嚐午餐或是度過悠閒的咖啡時光。2樓的門廊也會邀請創作者進行企劃，或是舉辦與生活和設計有關的活動。

中之島 ▶MAP 附錄 P.6 A-3
☎06-6459-2100 休週一、每月第2個週二
🕒11:30～18:00
📍北區中之島4-1-9 graf studio
🚶京阪中之島站步行8分 P無

Shopping

生活的用品

以原創設計而擁有固定粉絲的Plankton Chair ¥24,200～

能形成柔和陰影對比的light waft ¥24,200～

在餐飲空間kitchen裡，會提供以當季食材製作的料理和甜點

當日定食¥1,300。可接受點餐到14時為止

可以在以整體規劃來設計的空間裡發現理想的生活方式

不論單品、組合都有極高人氣的SUNAO餐具

很受歡迎的SUNAO料理筷¥660。跟三角筷相同的設計，使用起來很順手

作為伴手禮也很合適的奈良可麗露BOX¥1,620

1樓為商店與咖啡廳，2樓則是住宅展示及藝廊空間，是室內設計愛好者的聖地

中之島周邊有許多時尚敏感度很高的餐廳、咖啡廳、麵包店、甜點店等，很適合進行漫遊。

大阪的人氣圖案設計小物♪

OSAKA圖案的可愛伴手禮

秀吉、章魚燒、糖果……以充滿大阪風格的圖案為主題所設計的雜貨，
作為伴手禮肯定會讓收到的人很開心！

B

充滿大阪風格的熱鬧設計 讓人一眼就就愛上

(左) **不鏽鋼保溫瓶OSAKA** ¥4,840
(中) **馬克杯OSAKA** ¥1,980
(右) **星巴克水晶球&馬克杯OSAKA** ¥4,290
以活潑的亮橘色為主色，上面有章魚燒、綜合果汁、搞笑藝人等充滿大阪特色的熱鬧模型

A

(左) 大阪的靈魂美食 ¥2,090
(中) Oh!sa-ka-su!! ¥1,760
(右) Old and New 藍色 ¥1,760

風格獨特的設計，
來自大阪的注染手巾

手巾
大阪觀光 ¥1,760
海遊館、大阪城、大阪京瓷巨蛋等，描繪了多處觀光名勝的手巾

ルピシアうめだはんしんショップ C
LUPICIA 梅田阪神店SHOP

位於阪神梅田本店的世界茶葉專賣店LUPICIA。店內陳列了各式各樣的茶，可以選擇自己喜歡的口味。也有只能在梅田阪神SHOP買到的限定原創品項。

梅田 ▶ MAP 附錄 P.10 B-1
☎06-6345-1201（阪神梅田本店）
休 不定休
🕒10:00～20:00
📍北区梅田1-13-13阪神梅田本店B1
🚶直通阪神大阪梅田站　P 無

スターバックスコーヒーリンクスウメダにかいてん B
Starbucks Coffee LINKS UMEDA 2階店

世界最大的連鎖咖啡店品牌。從梅田站前往LINKS UMEDA 2階店也很方便。這裡有只能在大阪買到的設計款馬克杯和保溫杯，很適合當作伴手禮。

梅田 ▶ MAP 附錄 P.8 A-3
☎06-4256-7703　休 不定休
🕒7:00～23:00
📍北区大深町1-1 ヨドバシ梅田タワー LINKS UMEDA 2F
🚶各線梅田站步行5分　P 無

ちゅうせんてぬぐいにじゆら A
注染手ぬぐい にじゆら

由注染工廠「ナカニ」直營的時尚手巾店。使用明治時代流傳下來的注染技法，製作出能應用在現今生活中的手巾或小物等等。也有許多是只有在LUCUA大阪店才能買到的限定圖案。

大阪站前 ▶ MAP 附錄 P.8 A-4
☎06-6151-1348　休 無休（以LUCUA大阪為準）　🕒10:30～20:30　📍北区梅田3-1-3 LUCUA 大阪 LUCUA側9F
🚶直通JR大阪站　P 有設施停車場

D

Fueki糨糊罐裡裝的是大家熟悉的鳳梨糖！

Fueki鳳梨糖

一般款 ¥495　大包裝 ¥990
誕生於大阪的Fueki糨糊與鳳梨糖的可愛聯名包裝款

C

外盒有糖果圖案的可愛紅茶

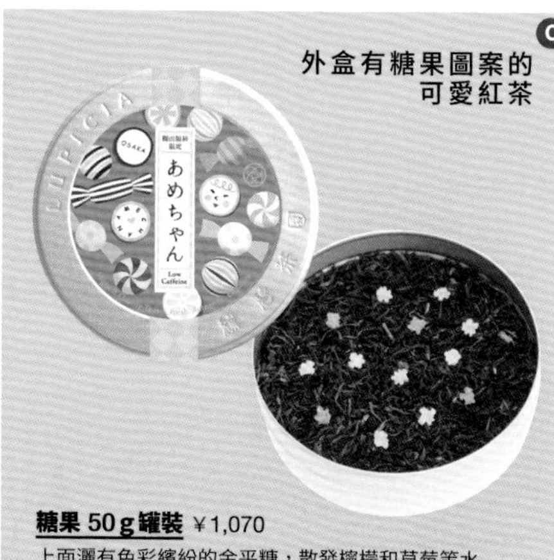

糖果 50g罐裝 ¥1,070
上面灑有色彩繽紛的金平糖，散發檸檬和草莓等水果芳香的無咖啡因紅茶

充滿個性的插圖引人注目

OSAKA&ART 各¥2,750
跟大阪有關的藝術家所設計的托特包，以「秀吉×大阪」為設計主題

F

印花圖案很有意思的日常用抹布

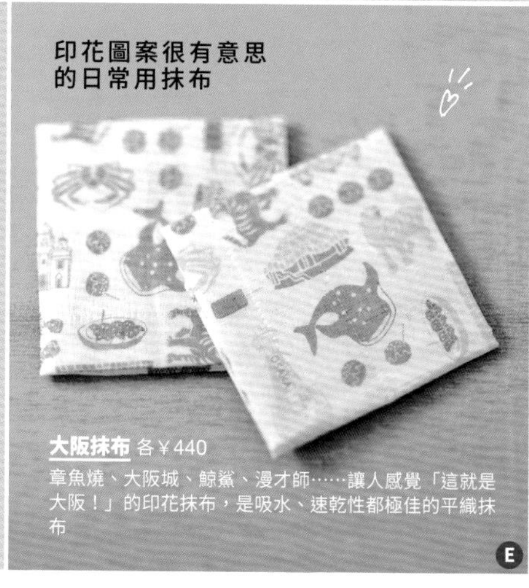

大阪抹布 各¥440
章魚燒、大阪城、鯨鯊、漫才師……讓人感覺「這就是大阪！」的印花抹布，是吸水、速乾性都極佳的平織抹布

E

なにわめいぶついちびりあんどうとんぼりてん

F なにわ名物いちびり庵 道頓堀店

店內有種類非常齊全的大阪浮誇商品。還有只能在大阪才能買到的點心類、「食倒太郎」商品、特殊的創意雜貨等，光用看的就非常有趣。

道頓堀 ▶ MAP 附錄 P.18 B-1
☎06-6212-5104　休 無休
🕒11:00～19:30
📍中央区道頓堀1-7-21 中座くいだおれビル1F
🚶地鐵難波站14號出口步行5分　P 無

なかがわまさしちしょうてんルクアイーレてん

E 中川政七商店 LUCUA 1100店

創業300多年的奈良老店，提供以工藝為基礎的生活雜貨。由日本全國各地的好手製作出的商品，從餐具到服飾都有不凡的品味。

大阪站前 ▶ MAP 附錄 P.8 A-4
☎06-6151-1365
休 不定休
🕒10:30～20:30
📍北区梅田3-1-3 LUCUA 1100 7F
🚶直通JR大阪站　P 無

エキマルシェしんおおさか

D EKI MARCHÉ新大阪

伴手禮據點，設置於出發旅行或踏上歸途時都會經過的JR新大阪站在來線站內。集結了37家大阪名店，可以買到大阪的經典伴手禮和注目的限定商品。

»資訊請見P.114

說到大阪味十足的圖案，就是螃蟹、河豚、鯨鯊、老虎和章魚燒了！

說到有品味的伴手禮

烘焙坊的伴手禮點心

造訪大阪好評不斷的烘焙坊，購買超棒的點心當作伴手禮。
味道自然不在話下，就連外觀也極具品味的甜點，收禮的人一定會很高興！

太陽的罐罐 花朵
10種罐裝 ¥3,600
以花型餅乾為首，樸實的無添加現烤餅乾就像寶石一樣被裝在裡面，非常可愛

B

綿羊卡斯提拉（小）¥1,350
擁有宛如綿羊形象般鬆軟口感的卡斯提拉。包裝紙的種類也很豐富，最適合當作禮物。1塊￥280

A

デリチュースジェイアールおおさかてん

Delicius JR大阪店 C

本店位於箕面的恬靜住宅街。冠上店名的起司蛋糕風味濃郁又有深度，是店內的招牌蛋糕，很值得特地前去購買。

大阪站前 ▶ MAP 附錄 P.8 A-4
☎06-6345-1322
休 1月1日
🕒10:00～20:00（營業時間縮短中）
📍北区梅田3-1-1JR大阪站內
👣JR大阪站內 P 無

たいようのとうようがしてん

太陽ノ塔洋菓子店 B

在大阪有6間店鋪的人氣咖啡廳＆烘焙坊「太陽ノ塔」的中央廚房。店內陳列了最適合當成伴手禮的甜點和餅乾，讓人目不暇給。

中崎町 ▶ MAP 附錄 P.9 D-2
☎06-6312-4305 休 年末年初
🕒10:00～20:00 📍北区中崎1-4-19
👣地鐵中崎町站1號出口步行3分
P 無

デカルネロ カステ

DE CARNERO CASTE A

以醇厚口感和粗砂糖的顆粒感為特色的卡斯提拉專賣店。有超過20種以上的烙印，只要在3天前預約，就能組合喜歡的烙印。

新町 ▶ MAP 附錄 P.14 A-1
☎06-7220-9604 休 週三
🕒11:00～18:00（咖啡廳LO為16:30）
📍西区新町2-18-19 👣地鐵西大橋站1號出口步行3分 P 無

堂島捲 細長 ¥1,500

以蛋糕包裹奶香十足的奶油餡的招牌商品。因為切成方便食用的大小，可以輕鬆分享

E

Delicius (大) ¥4,400

使用起司之王「莫城布里」進行製作，明明是烤起司，卻有生起司的口感。表面酸甜的杏桃醬更是特色所在。

C

可麗露組合
8顆 ¥1,260～

從招牌的原味「白」、巧克力口味的「黑」，到選用當季食材的每月更替口味，總計有8種。單顆 ¥120～

F

舒芙蕾 北堀2412
12個入 ¥1,296

帶有濃郁起司風味的奢華舒芙蕾起司蛋糕。是能另外品嚐到醇厚的巧克力舒芙蕾這個口味的組合

D

Shopping

伴手禮點心

カヌレドゥジャポンドゥドゥ

CANELÉ du JAPON doudou F

將法國甜點可麗露加入了日本風味與季節感、發源自大阪的「日本可麗露專賣店」。除了基本的5種口味以外，也會每個月推出季節商品。

堂島 ▶ MAP 附錄 P.10 A-4
☎070-6508-8880 休週三 🕒11:00～19:00（售完打烊） 📍北区堂島浜2-1-13 🚶地鐵西梅田站步行10分 P無

サロンドモンシェールほんてんしんさいばし

Salon de Mon cher本店～心齋橋～ E

招牌商品毋庸置疑，就是全國知名的蛋糕捲．堂島捲。作為主題商店的心齋橋店也併設了優雅的沙龍。

心齋橋 ▶ MAP 附錄 P.17 C-1
☎06-6241-4499 休不定休
🕒10:00～19:00（沙龍為～18:00）
📍中央区西心斎橋1-13-21
🚶地鐵心齋橋站CRYSTA南16號東出口即達 P無

ルピノーきたほりえほんてん

LE PINEAU 北堀江本店 D

會根據季節更迭推出不同的蛋糕和烘焙點心，品項非常豐富。也別忘了注意它們充滿大阪風格的獨特命名。有併設咖啡廳。

堀江 ▶ MAP 附錄 P.16 A-2
☎0120-24-9014 休無休
🕒9:00～21:00 📍西区北堀江2-4-12
🚶地鐵四橋站3號出口步行5分
P無

想吃到熱騰騰剛出爐的！

尋找美味麵包就要去BOULANGERIE

不論早！中！晚！任何時候都想吃的麵包。來尋找以食材組合、美味麵團等博得大阪人喜愛的BOULANGERIE（法文的麵包坊）吧！

Boulangerie

在車站內就能買到酥脆美味麵包的
de tout Painduce

雞蛋炒麵麵包(大) ¥330
夾入以特製醬汁拌炒的Q彈炒麵與水煮蛋的招牌商品。尺寸有大有小

呆萌的表情超可愛
玉助 ¥200
維也納香腸和雞蛋沙拉的絕配搭檔。只有小份的

巧克力香蕉熱狗麵包(小) ¥330
很受歡迎的經典甜點款熱狗麵包。關鍵在於加入焦糖化的堅果。只有小份的

夢之力100 ¥388
使用北海道產麵粉製成的Q彈吐司是招牌商品之一

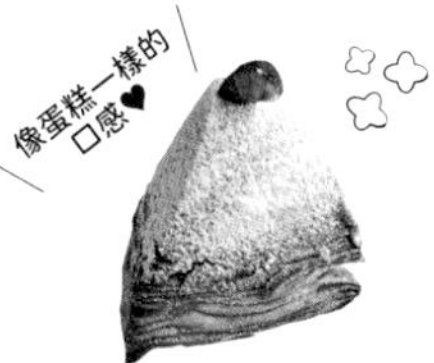
像蛋糕一樣的口感♥
黑醋栗蒙布朗 ¥324
丹麥麵包上擺了使用和栗製作的奶油餡，再搭配帶酸味的黑醋栗蛋白霜

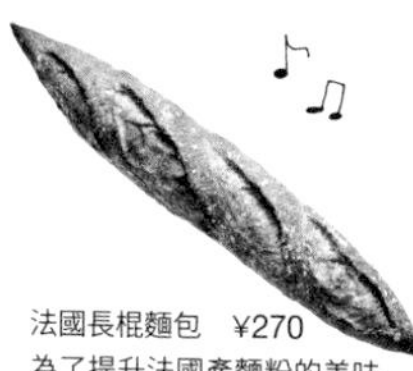
法國長棍麵包 ¥270
為了提升法國產麵粉的美味與風味，以高溫烘烤而成

聞起來就很美味

Demi Baguette ¥150
以低溫長時間發酵而成、個頭較小的長棍麵包

最適合當午餐
香腸堡 ¥420
加入自家製的番茄醬和香腸，分量滿點

夾入熟食的麵包超有人氣

厚切培根與受精蛋的佛卡夏三明治 ¥450
跟甜甜鹹鹹的培根吃起來非常對味的組合

從小孩到大人，被廣大年齡層喜愛的溫和風味

コバトパンこうじょう
COBATOPAN工場

依照夾入中間的內餡（填料）不同，分別製作原味、黑糖、胚芽等3種熱狗麵包。內餡也都堅持手工製作，經常會有25種左右的麵包陳列在復古又可愛的店內。現炸供應的油炸熱狗麵包也大受好評。

天滿橋 ▶ MAP 附錄 P.7 C-3
☎06-6354-5810 休週三
🕒8:00～19:00（週六、週日、假日為～18:00）
📍北区天満3-4-22日宝岩井町ビル1F 👣各線天滿橋站步行5分
P無

充滿復古懷舊氛圍的店鋪

追求小麥自然美味的現烤麵包

ムーランエカフェグウもりのみやてん
Moulins et Cafe goût森之宮店

在想像味道、香氣、口感的同時選擇食材，以獨自的搭配方法將理想中的麵包具體化。配合早、中、晚和不同季節改變麵包的陣容，一天約有150種以上的麵包是在店內後方的工坊烘烤完成。蔬菜也都堅持使用自家農園所栽培的。

森之宮 ▶ MAP 附錄 P.13 B-4
☎06-6949-2221 休週四、每月第1、3個週三 🕒8:00～20:00
📍中央区森ノ宮中央1-10-16 第2森ノ宮中央ハイツ1F
👣JR森之宮站即達 P無

2017年開幕。在谷町六丁目和谷町四丁目都有店鋪

搭乘電車前可以挑選麵包就是幸福

デトゥットパンデュースおおさかてん
de tout Painduce 大阪店

總店位於本町的人氣麵包店。從遵守傳統製法的傳統麵包，到使用農家直送的當季蔬果製作的創意麵包等，販售各種高品質的日常麵包。店內飄著以日本產麵粉製作而成的麵包香氣，非常療癒。

大阪站前 ▶ MAP 附錄 P.8 A-4
☎06-4797-7770
休不定休
🕒7:30～22:00
📍北区梅田3-1-1 EKI MARCHÉ大阪
👣直通JR大阪站櫻橋口
P無

位於車站內商業設施EKI MARCHÉ大阪內。另外在心齋橋和本町、新大阪也設有店鋪

「Boulangerie & Cafe Gout谷町四丁目店」也有併設咖啡廳並且供應早餐。

Sweets Souvenir

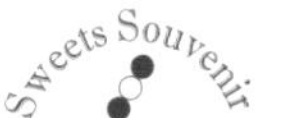

備受喜愛的日式甜點伴手禮決定版

以高雅的風味療癒身心的和風甜點

從長久以來備受喜愛的老店口味，到洋溢時尚魅力的和風甜點。
充滿柔和甜味、身心都能被療癒的和菓子，是伴手禮的最佳選擇。

7

4

1

8

5

2

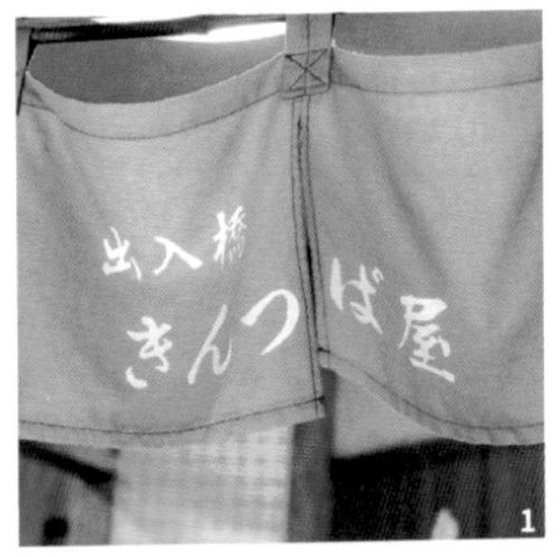

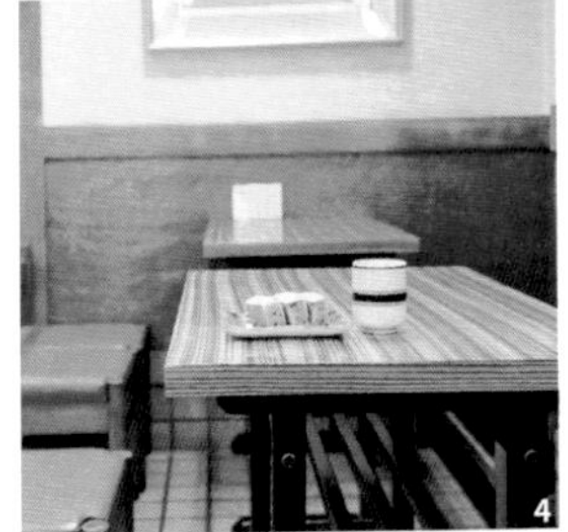

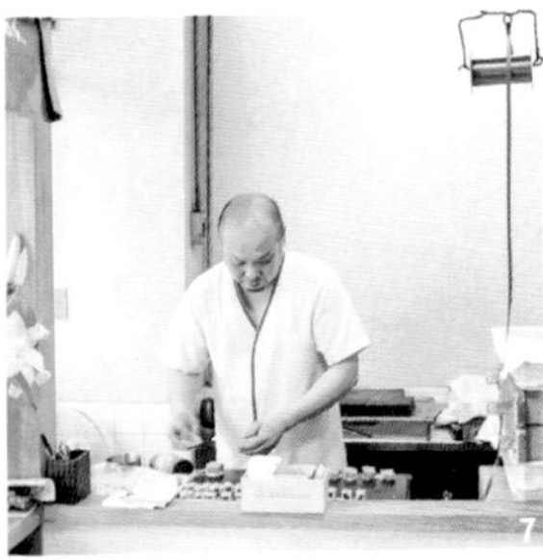

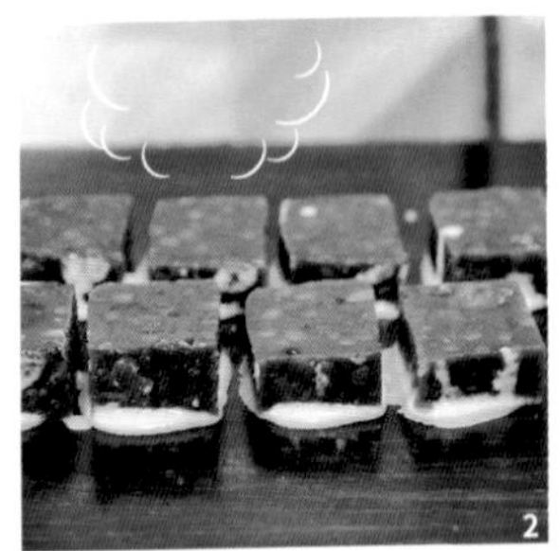

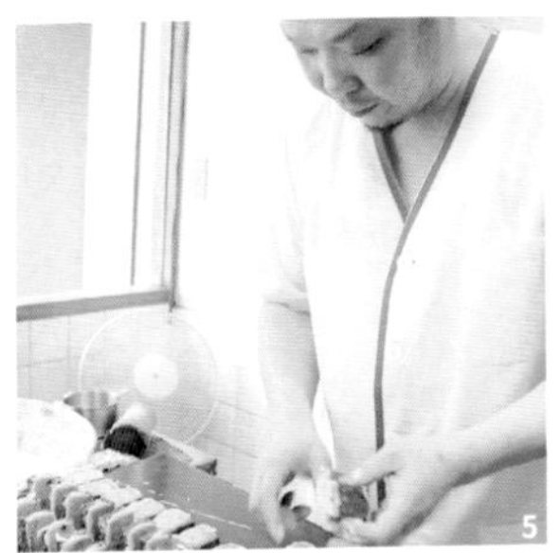

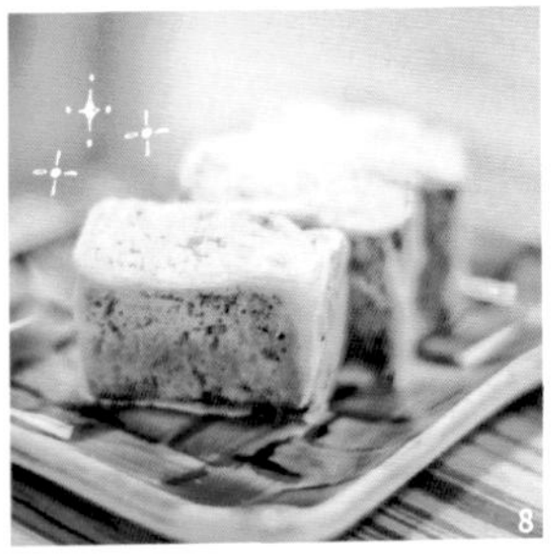

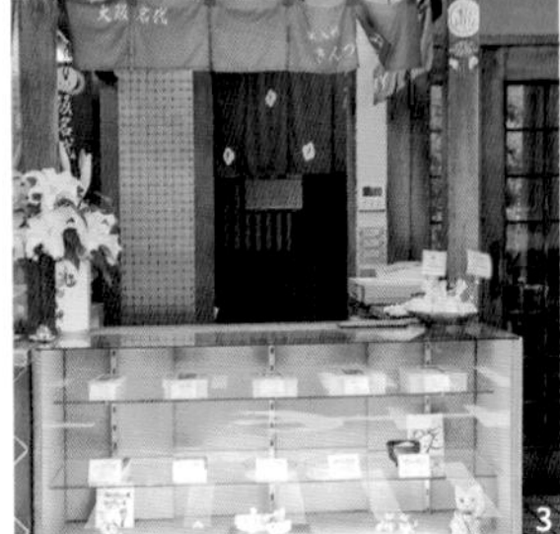

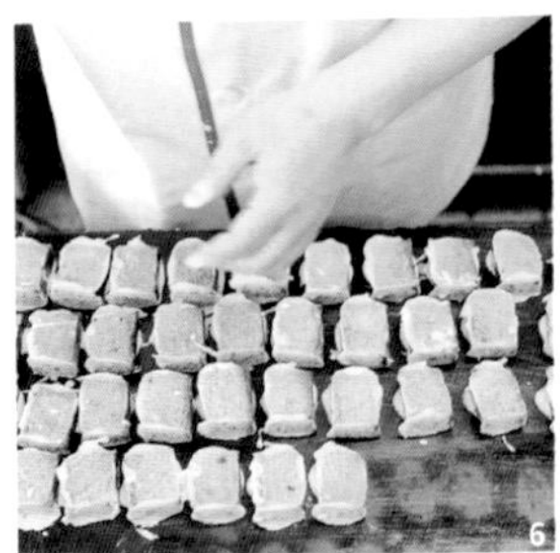

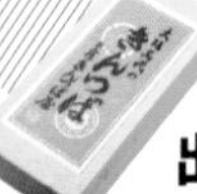

大阪名代 出入橋きんつば屋

おおさかなだいでいりばしきんつばや

昭和5(1930)年創業的老店，是大家熟悉的大阪伴手禮店。銘菓金鍔是在薄皮中包入滿滿的紅豆餡。口味不會過甜，一口大小方便食用，因此不論大人或小孩都非常喜愛。

堂島 ▶ MAP 附錄 P.10 A-3

06-6451-3819 休 週日、假日
10:00～19:00(週六為～18:00)※內用只到打烊前1小時為止 北区堂島3-4-10 地鐵西梅田站9號出口步行5分 P 無

6

3

1.在堂島無人不知的甜品鋪 2.能夠確實感受紅豆美味的內餡 3.從以前到現在都不曾改變的昭和復古風情 4.店內也可以品嚐善哉（¥600） 和磯部卷（¥600） 5.由店長一個一個仔細煎烤 6.外皮很Q，紅豆餡充滿高雅的甜味。賞味期限為當天 7.熱賣的伴手禮是10個入（¥1100）的版本 8.現煎的金鍔（¥350）。內用為一份3個

もりのおかし
森乃お菓子

位於豐中的人氣荻餅店於北新地開設的姐妹店。活用核桃、黑芝麻、玉米等食材 風味製作的甜點，讓人一吃上癮。

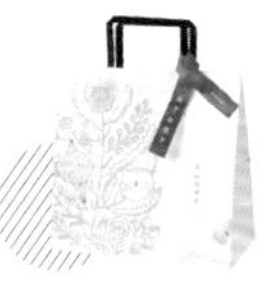

北新地 ▶ MAP 附錄 P.11 C-3
☎06-6341-2320 休週日、假日
16:30～售完打烊
北区曾根崎新地1-43-2第2大川ビル 1F
JR北新地站F92出口即達 P無

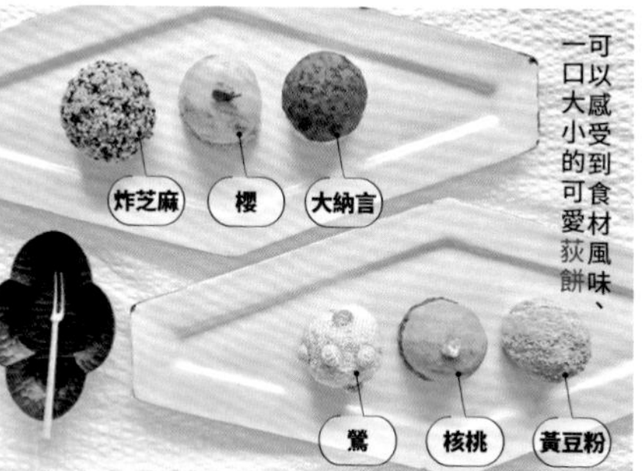

森之荻餅（￥950～）是包含招牌品項與季節限定款的荻餅6顆組合。價格、內容會依季節而異

もちしょうしづく
餅匠しづく

除了使用有益身體的食材所製作的大福，也有許多像是久留美餅、新町時雨等和風甜點。在充滿摩登風格的店內也設有品茶空間。

新町 ▶ MAP 附錄 P.14 B-1
☎06-6536-0805 休不定休
10:30～18:00(喫茶為13:00～17:30)
西区新町1-17-17 地鐵四橋站2號出口步行5分 P無

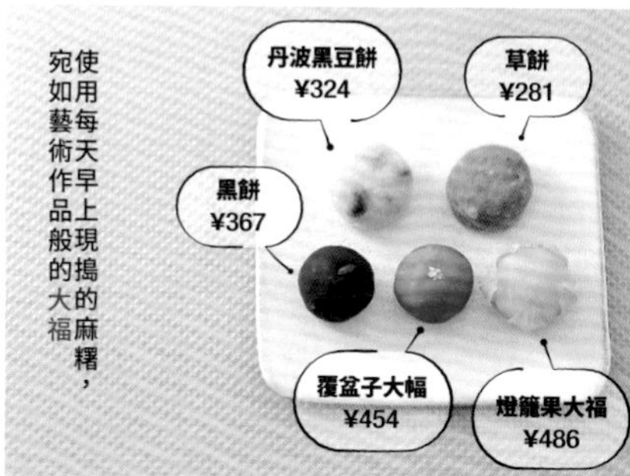

酸甜滋味、白豆沙餡×蘭姆酒非常對味的人氣商品覆盆子大福等品項，搭配現代風格的配色和食材，看起來非常時尚。也會依季節而推出不同商品

意外的組合讓人充滿期待的原創手作最中

味噌餡饅頭 2顆¥300

最中5顆組 ¥1,500

紅豆餡和黃豆粉紅豆餡等5顆一組。在吃之前才夾進餅皮中食用。單顆販售從1顆￥240起

ひとよし
一吉

以100%日本產糯米粉一顆一顆親手製作的最中專賣店。內餡和餅皮會分開放，所以可以享受到餅皮又香又脆的口感。

谷町六丁目 ▶ MAP 附錄 P.15 C-2
☎06-6762-2553 休週一、週日・假日不定休 10:30～18:00(週二、週五、週日，假日為～17:00，售完打烊) 中央区谷町8-2-6 地鐵谷町六丁目站3號出口步行3分 P無

伴隨著茶香在口內融化的生巧克力。賞味期限為兩週。如寶石般閃耀的金平糖是耗費10～14天、以絕妙的火力調節精心製作而成的

うじえんしんさいばしほんてん
宇治園 心齋橋本店

位於心齋橋筋商店街內、創業150多年的茶鋪。除了有各式茶葉之外，以焙茶和抹茶製作的創意點心也很受到矚目。

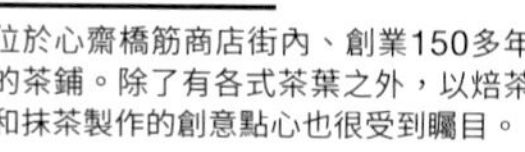

心齋橋 ▶ MAP 附錄 P.17 D-2
☎06-6252-7800 休1月1日
10:30～19:00(有時會變動)
中央区心齋橋筋1-4-20
地鐵心齋橋站6號出口即達
P無

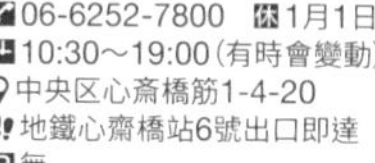

在「宇治園 心齋橋本店」的甘味茶房「喫茶去」，可以讓顧客在漫步心齋橋筋商店街的途中悠閒地享受和風甜點。

長年在食倒之街備受喜愛

把「美味」帶回家·大阪味伴手禮

想要買到真正好吃的伴手禮，還是要去當地人也會去的店。
把深耕於大阪的自豪口味帶回家吧！

a 551蓬萊的豬肉包
4顆入 ¥840

「551」的店名擁有味道和服務都想「在這裡（ここ，音近55的日文發音）當第一（1）」的涵義在內。招牌商品豬肉包是1年可以賣出6350萬顆（1天17萬顆）的超人氣熱賣品項。加上只在關西設有分店，現在已成為大阪伴手禮的代名詞！

也可以在新大阪站的「EKI MARCHÉ新大阪（⊗P.114）」等處買到喔！

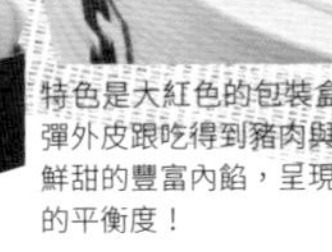

特色是大紅色的包裝盒。Q彈外皮跟吃得到豬肉與洋蔥鮮甜的豐富內餡，呈現絕妙的平衡度！

厲害之處在這裡！

從創業當時就是一顆一顆手工製作。據說資深老手平均1分鐘可以包7顆。

b 阪神名物 いか焼き的花枝燒
花枝燒等 ¥152

雖說是花枝燒，但卻不是攤販販售的那種「一整隻的烤花枝」，而是將加入花枝的特製麵糊以上下高溫的專用鐵板夾住燒烤，再塗上特製醬汁。是創下最多一天可以賣出1萬片這種驚人銷售量的超人氣商品。排隊購買的人潮從來沒斷過。

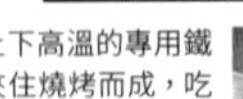

厲害之處在這裡！

以上下高溫的專用鐵板夾住燒烤而成，吃起來輕盈鬆軟。雖然薄薄的，口感卻很Q彈。是家裡難以做出的味道，回購的當地人也很多。

店頭販售的品項賞味期限只限當天。若想當伴手禮，建議購買極速冷凍的花枝燒

SHOP DATA

擁有全國性高人氣的豬肉包
551蓬萊 本店 a
ゴーゴーイチほうらいほんてん

難波 ▶ MAP 附錄 P.18 B-2
06-6641-0551
休每月第1・3個週二（逢假日為不定休） 10:00～21:30（餐廳、便當為11:00～） 中央区難波3-6-3 地鐵難波站11號出口即達 P無

滋味樸實的大阪點心
阪神名物 いか焼き b
はんしんめいぶついかやき

梅田 ▶ MAP 附錄 P.10 B-1
06-6345-1201（代表號） 休不定休 10:00～20:00（視樓層而異） 北区梅田1-13-13 阪神梅田本店B1スナックパーク JR大阪站中央口步行3分 P無

充滿大阪風格的魚漿天婦羅老舖
大寅 難波戎橋筋本店 c
だいとらなんばえびすばしすじほんてん

難波 ▶ MAP 附錄 P.18 B-2
06-6641-3451
休週一 10:00～19:00 中央区難波3-2-29 地鐵難波站11號出口步行3分 P無

讓料理的味道更豐富的柚子醋
旭食品 d
あさひしょくひん

072-922-5357
在大阪府內的超市、百貨公司、新大阪站的伴手禮賣場都能買到。

代表大阪的昆布老店
神宗 高島屋大阪店 e
かんそうたかしまやおおさかてん

難波 ▶ MAP 附錄 P.18 B-3
06-6631-1101 休不定休
10:00～20:00（視星期幾而異）
中央区難波5-1-5 高島屋大阪店B1 各線難波站即達 P無

超過100種的芝麻製品一應俱全
和田萬 萬次郎 蔵 f
わだまんまんじろうくら

天満 ▶ MAP 附錄 P.13 B-1
06-6364-4387 休週日、假日、週六不定休 9:30～17:30（週六為10:30～14:00） 北区菅原町9-5 地鐵南森町站4號出口步行7分 P1輛

c 大寅的魚漿天婦羅
白上天（2片入）¥432
蔥燒（2片入）¥389

具有大阪風格的御好燒風味魚漿天婦羅。是裡面加了蔥、生薑、蒟蒻、豆皮的人氣商品。加有木耳的「白上天」是大阪經典商品。

d 旭食品的旭柚子醋
旭柚子醋360mℓ
¥650（未稅）

德島產的柑橘加上日本產乾香菇、利尻昆布、混合柴魚高湯等，是吃火鍋時不可或缺的調味料。

e 神宗的昆布
鹽昆布 ¥1,188
鰹昆布 ¥972
山椒小魚 ¥972

天明元（1781）年創業的老店。厚實的鹽昆布在口中會彷彿要化開般變得柔軟。山椒的風味也非常下飯。

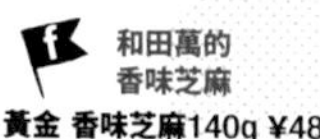
f 和田萬的金芝麻醬
有機金芝麻醬80g ¥540

將100%有機金芝麻以超高溫焙煎後，再用特殊的臼仔細研磨好幾次、使其形成糊狀。可作為芝麻淋醬、涮涮鍋沾醬還是麵包抹醬等，活用於各種料理。

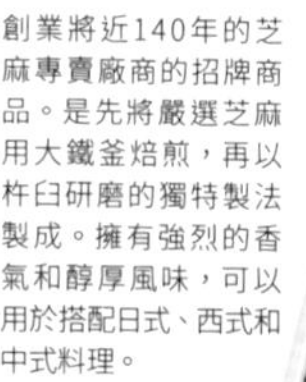
f 和田萬的香味芝麻
黃金 香味芝麻140g ¥486

創業將近140年的芝麻專賣廠商的招牌商品。是先將嚴選芝麻用大鐵釜焙煎，再以杵臼研磨的獨特製法製成。擁有強烈的香氣和醇厚風味，可以用於搭配日式、西式和中式料理。

開店後經常會銷售一空的神宗的「自家用鹽昆布」 最適合作為家用伴手禮！

COLUMN Souvenir

Osaka Souvenir

搭乘新幹線前的好幫手

在新大阪站搜尋伴手禮

位於在來線站內，交通也很便利！

是旅行時的期待、同時也是煩惱的伴手禮，
推薦大家到EKI MARCHÉ新大阪採購！

米香×和洋
各式各樣的口味!

pon pon Ja pon
各¥454～

顛覆一般四角形堅硬「米香」的印象，做成一口大小的圓形新感覺米香。可以從多種口味中選擇自己喜歡的。

pon pon × Chris.P ポンポンパイクリスピー
06-6770-9210

3層構造
口感酥脆的長方形塔點

Honey Come TART 1條¥380

使用大阪採收的完熟蜂蜜等嚴選素材仔細烘烤而成的塔點。口味有8種。

HACHIMITSU SWEETS en-nui
はちみつスイーツ"アンニュイ"
06-6886-8333

沾有特製醬汁的御手洗糰子

御手洗糰子 5根入
¥490

將糯米和米粉以絕妙比例調配製成的糰子蒸好後，再沾上大量特製醬汁而成的御手洗糰子。

喜八洲総本舗 きやすそうほんぽ
06-6476-9922

超越世代廣受喜愛的點心

鶯球米果
各¥550

使用100%日本產糯米，以傳統製法手炸製成的花林糖風米果。有黃豆粉和鹽昆布等多種口味。

うぐいすボール 06-6300-5445

可以買到全國各地的鐵路便當！

函館市場壽司 ¥1,580

來自北海道的知名鐵路便當。奢華地選用螃蟹、鮭魚子、海膽、干貝等海產，喜歡海鮮的人絕對不可錯過。

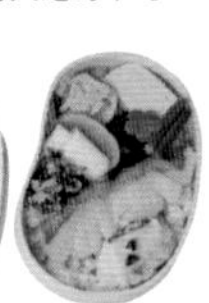

三千院之里監修
銀鱈西京燒便當
¥1,470

銀鱈煮得超級入味，去除了魚刺、方便食用。只要吃過一次，肯定想再回味。

旅弁当 駅弁にぎわい
たびべんとうえきべんにぎわい

從北海道到鹿兒島，店內常備100種日本全國各地的嚴選便當。在實演販售區可以買到現做的便當 。

06-4862-5160　6:30～22:00

滿滿都是新鮮水果

自選果凍3顆組
¥1,350

以水果酒果凍為始、以新鮮水果作為主角的奢華果凍。是水果店才能推出的自信之作。

FRUIT GARDEN 山口果物
フルーツガーデンやまぐちくだもの
06-6195-1616

源自大阪的起司蛋糕

陸郎叔叔
起司蛋糕
¥765

大手筆使用丹麥產的奶油起司和牛奶、奶油等製作而成的起司蛋糕。口感輕柔鬆軟，吃起來毫無負擔。

りくろーおじさんの店
りくろーおじさんのみせ
0120-57-2132

購買大阪的最佳熱門伴手禮

EKI MARCHÉ新大阪

エキマルシェしんおおさか

位於JR新大阪站內，集結了48間大阪名店！可以買到經典商品、最新熱門伴手禮以及獨賣商品等，是非常受矚目的購物熱點。

新大阪站 ▶ MAP 附錄 P.2 B-2
06-6309-5946　休 無休
6:30～23:30
淀川区西中島5-16-1
JR新大阪站在來線驗票閘門內•東驗票閘門外　P 無

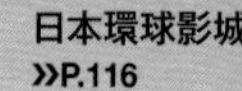

日本環球影城
»P.116

脫離日常的感動體驗

Experience

在主題樂園裡盡情歡笑，
或是觀賞正宗搞笑劇捧腹大笑，
以五感全開的活動來補充元氣吧！

Enjoy
new
experience!

日本環球影城

在逼真的電影世界體驗非日常

不管是建築物、標誌還是擺設品，整個樂園都像是電影布景一樣。
在暢玩遊樂設施的空檔，不妨以旅行的心情、在擬真重現的街道上逛逛吧！

1.雪景很漂亮的活米村。積雪和冰柱也閃閃發亮　2.商店的看板也不可錯過　3.好像才剛抵達、還冒著白煙的霍格華茲特快車　4.彷彿馬上就要飛起來的飛天車福特安格里亞　5.發現巨大的柏帝全口味豆　6.入口寫著「禁止咒語」的看板……　7.在商店買齊魔法道具吧！

影城入場券

	一日・影城入場券(1日券)	兩日・影城入場券(2日券)	環球影城全年入場券
大人(12歲以上/國中生以上)	8600円～	1萬6300円	2萬8800円
小孩(4至11歲/幼兒・小學生)	5600円～	1萬600円	1萬9200円
年長者(65歲以上)	7700円～	1萬6600円	跟大人一樣

日本環球影城
ユニバーサル・スタジオ・ジャパン

以好萊塢電影主題的遊樂設施為中心，可以體驗到各種表演秀或演出等世界最頂級的娛樂體驗。也會隨時舉辦期間限定的活動。

灣區 ▶ MAP 附錄 P.3 C-4
0570-20-0606　休 無休
視星期幾和季節而有變動
此花区桜島2-1-33
JR環球影城站步行3分　P 約2800輛

照片提供：日本環球影城
※菜單及商品售價或設計、販賣店鋪等可能會無預警變更。商品售完還請見諒。

New York area

Amity Villag

San Francisco area

Jurassic Park

Hollywood area

1.可以吃到正統口味的披薩　2.充滿都會感的美麗紐約街頭　3.以電影《大白鯊》為舞台的區域　4.夾有Q彈鮮蝦的三明治　5.看板、擺設品、外觀等，各處都非常講究　6.在舊金山區域享受中華料理　7.充滿海港氣氛的潟湖沿岸區域　8.區域內有「小心恐龍」的警示看板……　9.餐廳裡有巨大的暴龍骨骼標本！　10.在劇中也有登場的巡邏車前拍紀念照♪　11.大口咬下正統的美式漢堡　12.意外不太有人知道的名人手印景點　13.踏上時尚街道，體會上流人士的感受

一定讓你玩到嗨！

戰慄滿點的遊樂設施BEST3

逼真又充滿魄力的影像或是從高空俯衝而下、無法預測的迴旋等，超乎想像的興奮感讓人心跳加速、緊張不已！

穿越在街道上空，還可以清楚看見搭乘中的遊客容貌

大大地進行兩次水平迴轉的「雙重螺旋」，身體幾乎是橫躺的！

聽著音樂感受漂浮感
興致大幅提升！

好萊塢區域

好萊塢美夢•乘車遊

身高限制132cm以上／所需時間約3分

一邊聽著喜歡的歌曲，遨遊在好萊塢區域上空的雲霄飛車。全長約1300m，有前進式和背向式2種，可以體會到讓身體離開坐位般的負G力。

全長1124m，是世界最長的飛行式雲霄飛車。可以縱橫無盡地滑行在區域上空

在急速上升的同時一邊迴轉，讓人暈頭轉向!?

無法預測的刺激與爽快感
讓人超興奮

侏儸紀公園

飛天翼龍

身高限制132cm以上、未滿198cm／所需時間約3分

被天空的支配者無齒翼龍抓住的來賓，會以俯臥的姿勢高速飛越樂園上空的新感覺飛行式雲霄飛車。用全身來感受上下左右360度旋轉所帶來的超乎想像的刺激與爽快感吧！

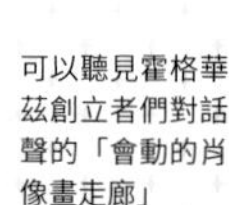

可以聽見霍格華茲創立者們對話聲的「會動的肖像畫走廊」

穿上霍格華茲魔法學校的制服，讓心情更加興奮期待！

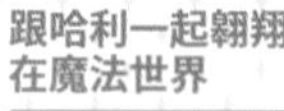

跟哈利一起翱翔
在魔法世界

哈利波特的魔法世界

哈利波特禁忌之旅

單獨乘坐、身高限制122cm以上／所需時間約5分

鮮明流暢的畫面，即便不用3D眼鏡也能讓你體會至今未曾體驗過的臨場感。和哈利波特一行人一起衝上天際、闖入魁地奇比賽、或是遭遇飛龍等，展開未知的冒險吧！

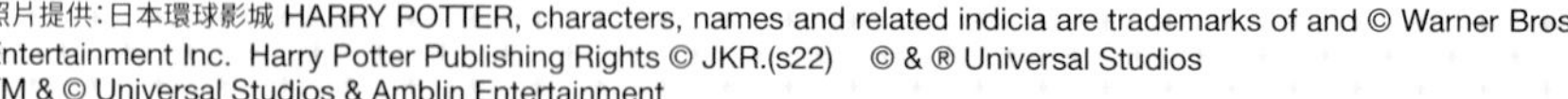

充滿震撼力的演出讓人目不轉睛

感動的表演秀BEST3

絕對不能錯過可以看到好萊塢要素正統演出的的表演秀！
勁歌熱舞和華麗的演出，讓遊客籠罩在感動與興奮的氛圍之中。

擔任主持的是有著一張慘白臉孔的靈界保鏢．陰間大法師

科學怪人彈吉他的模樣超級酷！

參加妖魔鬼怪們的華麗派對

好萊塢區域　（演出時間／約30分　演出次數／1天數次）

環球妖魔鬼怪搖滾樂表演秀

由大家很熟悉、在環球影業的作品中登場的陰間大法師和科學怪人等角色演出歌舞的搖滾樂表演秀。以大家耳熟能詳的樂曲展開勁歌熱舞。

在人工打造的水上基地展開的壯觀特技表演超有看頭

高明地操控水上摩托車打倒敵人，縱橫全場地奔馳

壯觀的水上戰鬥讓人心驚膽跳

水世界　（演出時間／約20分　演出次數／1天數次）

水世界

以世界沉入海中的近未來為舞台，圍繞著傳說中的陸地展開華麗戰鬥的水上特技表演。從13m的高處一躍而下，或是噴出火柱等充滿震撼力的演出，就像是在看電影中的一幕一樣！

和動物們一起高聲歡唱！

好萊塢區域

SING on Tour

（演出時間／約20分　演出次數／1天數次）

在電影《歡樂好聲音》中登場的動物們會在來賓面前唱歌跳舞，演出最熱烈的音樂劇表演秀。以最先進的技術讓觀眾們都能熱血沸騰，體會壓倒性的一體感。

※遊樂設施或表演可能會無預警變更或中止。舉辦日期和時間請上官方網站進行確認。 ※以上為2022年8月時的資訊。

在正宗主場大阪觀賞浮誇的搞笑劇

來難波豪華花月劇場觀賞讓人笑開懷的吉本新喜劇♪

裝傻和吐槽，以及經典搞笑連發！接著要介紹的是在搞笑產業興盛的大阪才能看到的表演，讓我們一同前往搞笑的根據地吧。

大爆笑

哇哈哈哈哈

NGK附近就是千日前道具屋筋和裏難波

大型劇場總是擠滿了觀眾

難波豪華花月劇場

なんばグランドかげつ

在難波豪華花月劇場(NGK)這個吉本興業的根據地，除了吉本新喜劇之外，還會推出各式各樣的搞笑劇。在定期舉辦的公演裡，從經常上電視的老手到初出茅廬的新人，都會盡全力表演漫才、落語、短劇等。在現場演出看到的經典搞笑也會覺得更加有趣。可以實際感受到搞笑殿堂特有的魅力。

難波 ▶ MAP 附錄 P.19 C-3

☎06-6641-0888 休無休 ⏰本公演11:00～、14:30～(週六為10:00～、13:00～、16:00～、19:00～，週日．假日為10:00～、13:00～、16:00～) ※可能會有所變動，夜公演時間會視公演而異 📍中央區難波千日前11-6 🚶地鐵難波站4號出口步行5分 ¥本公演為1樓座位4800円、2樓座位4300円(當日票、預售票皆為指定座位) P無

購票看這裡

WEB

事先於「FANY ID」https://id.yoshimoto.co.jp/ 進行事前登錄(免費)，再於「FANY TICKET」購票

電話

請撥打購票預約洽詢專線
☎0570-550-100(24小時受理，洽詢為10:00～19:00)

表演導覽

全家便利商店(可以在店內設置的「FamiPort」購票)

劇場窗口

若有空位的話，劇場窗口會販售當日票

個性豐富的3位座長們

嘎—！

川畑泰史

雖然是裝傻滿點的呆萌角色，卻能做出充滿存在感的吐槽，是極為優秀的搞笑老手。

乳頭鑽！

すっちー

以大阪大嬸的角色「すち子」博得人氣。破天荒的搞笑演出讓人笑破肚皮。

呵呵呵……

酒井藍

作為首位女性座長，非常受到期待！以胖嘟嘟的可愛外型徹底展現開心果角色的魅力。

吉本新喜劇

作為本公演焦點的是從以前到現在都備受喜愛的「吉本新喜劇」。以3名座長為中心、上演每周更換的各種表演。在充滿人情味的故事中，不斷使出大家熟悉的搞笑攻勢。

某日的節目流程

12:30	開場
13:00	見取り図
13:10	霜降り明星
13:20	ジャルジャル
13:30	西川きよし
13:45	和牛
13:55	海原やすよ ともこ
14:05	桂文珍
14:20	休憩
14:30	吉本新喜劇

在劇場前等你哦～！

& MORE

購買吉本商品作為伴手禮

從雜貨到伴手禮一應俱全的官方商品商店，也有販售吉本新喜劇商品。

吉本新喜劇人形燒卡斯提拉(中)
¥599

すち子的舔舔糖
¥378

吉本藝人擦臉巾(藍)
¥990

1F

よしもとエンタメショップ難波店
よしもとエンタメショップなんばてん
06-6643-2202
10:00～20:00 ※可能會視公演而變更

PICK UP 劇場內也有許多好吃好玩的

GOOD!

▶▶▶SHOP LIST◀◀◀

- 花のれんタリーズコーヒー(特約咖啡店)
- cosco crepe(可麗餅)
- 占いどころ服部宝観（占卜)
- よしもとおみやげもん横丁(伴手禮)
- おてまえ処（綜合果汁)
- Kitchen&Parlorあ～る(甜點・洋食)
- 酒処 さつき（居酒屋)
- 吉たこ produce by たこ焼きブ！(吉本興業的章魚燒)

しゃぶ笑
しゃぶわら

以「一人一鍋」的方式，供應以品牌牛和日本國產豬沾取特製醬汁食用的涮涮鍋專賣店。

06-6644-4848
11:00～22:00

千とせ べっかん
ちとせべっかん

店內的招牌商品「肉片湯」是因應某位藝人的要求而誕生、不放烏龍麵的肉片烏龍麵。再加一碗蛋拌飯就是藝人們的必點料理。

06-6633-2931
11:00～售完打烊

在難波豪華花月劇場前也有由新人演出的「吉本漫才劇場」。

原創商品也不可錯過

遇見新藝術・市街的博物館

容易帶給人浮誇印象的大阪，其實也存在著藝術之心。
只要一與藝術作品接觸，就不禁忘卻了時間的流逝。

3樓的展示室會依照主題展示上方浮世繪

上方浮世繪館

かみがたうきよえかん

接觸能夠感受到時代變遷的傳統文化

這是專門展示從江戶時代後期到明治時代在大阪創作的上方浮世繪的美術館。每3個月更換一次展示主題，可以透過上方浮世繪感受到當時大阪的社會氛圍以及獨特的文化。

難波 ▶ MAP 附錄 P.18 B-1

06-6211-0303 休週一（逢假日則翌日休） 11:00～18:00（最後入場為17:30） 大阪市中央区難波1-6-4 地鐵難波站16號出口步行5分 ¥一般500円、中・小學生300円 P無

Goods

上方浮世繪館原創手巾 ¥1,430

以伊勢木綿做成的手巾，有3種款式可以選擇

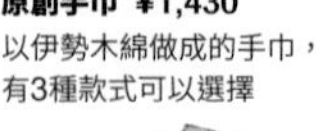

原創托特包 ¥2,200

印有上方浮世繪館的看板貓的設計

浮世繪摺紙 ¥880

可以用來折紙，也可以當成裝飾品

資料中也有能實際觸摸的物品，可以讓人愉快地學習民族文化

國立民族學博物館

こくりつみんぞくがくはくぶつかん

接觸各國的文化，環繞世界一周

這是位於萬博紀念公園內的博物館，主要介紹歐洲和亞洲等世界各民族的生活與文化。除了有以衣食住等生活用品為中心的本館展示之外，也會舉辦各式各樣的特別展。

萬博紀念公園 ▶ MAP 附錄 P.2 A-2

06-6876-2151 休週三（逢假日則翌日休） 10:00～16:30 吹田市千里万博公園10-1 大阪單軌電車萬博紀念公園站・公園東口站步行15分 ¥580円 P無

Goods

土耳其藍眼睛 ¥1,000

中東世界廣泛信仰的驅邪護身符

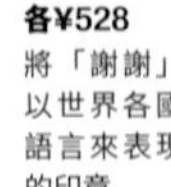

感謝印章 各¥528

將「謝謝」以世界各國語言來表現的印章

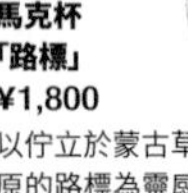

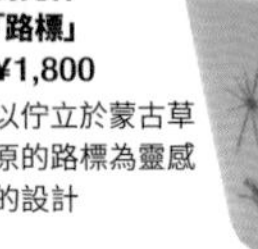

斜背包「與世界相連的標誌」 ¥1,600

印有蒙古攝影師Injinaash作品的斜背包

馬克杯「路標」 ¥1,800

以佇立於蒙古草原的路標為靈感的設計

展示室為迴廊式設計，可以沿著動線仔細鑑賞

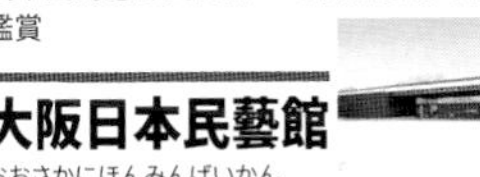

大阪日本民藝館

おおさかにほんみんげいかん

讓人看得入迷的各種民藝品

承接了萬博展示館的建築物，作為民藝運動的西邊據點而重新開館。認為博物館商品也是一種展示品，展示了陶瓷器和木漆工藝品等國內外的工藝品。

萬博紀念公園 ▶ MAP 附錄 P.2 A-2

☎06-6877-1971 休 週三
🕒10:00～16:30
📍吹田市千里万博公園10-5
🚶大阪單軌電車萬博紀念公園站步行15分
¥710円
P 無

Goods

三宅松三郎商店的藺草墊 ¥370～
使用天然藺草，擁有簡樸的溫度

飛驒刺子抹布 ¥1,210～
在木綿布料上一針一針繡出花紋的傳統工藝品

石川硝子工藝舍的吹製玻璃 ¥1,950～
雖然簡樸卻能感受到玻璃原本的優點

砥部燒的蕎麥豬口 ¥1,000～
承襲手作與手繪技巧的愛媛傳統工藝品

展示室可以配合企劃展而自由改變配置

阿倍野海闊天空美術館

阿倍野ハルカスびじゅつかん

在都會輕鬆地感受藝術

位於阿倍野海闊天空大廈16樓的都會型美術館。佔地880㎡的展示室是能夠展出國寶或重要文化財的正統派形式。由於交通便利加上豐富的企劃展也讓它極具魅力，可以在此輕鬆地感受藝術之美。

天王寺 ▶ MAP 附錄 P.21 C-4

☎06-4399-9050 休 週一不定休，視展覽而異 🕒10:00～19:30(週一、週六、週日、假日為～17:30) 📍阿倍野区阿倍野筋1-1-43 阿倍野海闊天空大廈16F 🚶JR、地鐵天王寺站、近鐵大阪阿部野橋站即達 ¥視覽而異 P 無

便條紙、擦擦筆 各¥300 輕便的文具是很受歡迎的伴手禮

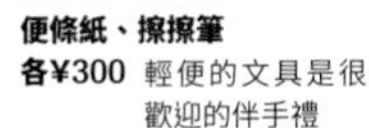

(左) 原創透明資料夾 ¥350
(右) 原創馬克杯 ¥850
簡潔的圖案，不論男女都適合使用

吊著巨大水晶燈、以大理石打造的入口處

大阪市立美術館

おおさかしりつびじゅつかん

學習東洋美術的歷史

位於天王寺公園內、於昭和11(1936)年開館的美術館。以日本、中國的書畫和工藝品等東洋美術為中心，收藏了約8500件作品。特別展也很受歡迎。※(預計)2022年秋～2025年春休館，進行翻修工程。

天王寺 ▶ MAP 附錄 P.20 B-2

☎06-6771-4874 休 週一（逢假日則翌平日休） 🕒9:30～16:30 📍天王寺区茶臼山町1-82 🚶JR天王寺站中央口步行10分 ¥300円（特別展．特別陳列另計） P 無

Goods

繪畫明信片 各¥100
以江戶時代的繪卷等創作為主題的經典商品

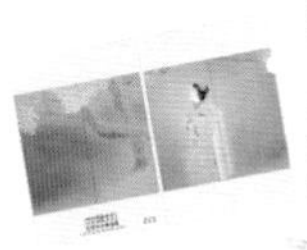

透明資料夾 ¥300
大阪市立美術館原創的透明資料夾

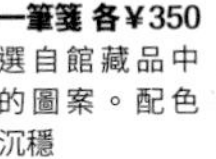

一筆箋 各¥350
選自館藏品中的圖案。配色沉穩

阿倍野海闊天空美術館和大阪市立美術館都有很多企劃展，不妨事先確認。

想為大阪觀光留下紀念！
製作自己專屬的原創筆記本

大約10分鐘就能完成，馬上就能取件囉！

給「想要不一樣的旅行紀念品」的你！
要不要來挑戰一下世上獨一無二的原創筆記本DIY呢？

1.製作筆記本一定會遇到選擇障礙，最好要安排充裕的時間　2.從可愛系到沉穩系，有眾多選擇　3.位於店面1樓的獨創筆記本專區

體驗 DATA

原創筆記本DIY

費用 ¥1,000～
所需時間 15分　預約 無需

尺寸有A5及B6。雖然無法當天收件，但也可以帶自己喜歡的布料或是內頁用紙過去、或是以活版印刷加上簽名等，任何要求都可以和店家討論。

エモジ

位於屋齡超過130年的長屋裡的紙品雜貨店。廣受歡迎的原創筆記本DIY，其魅力之處在於不僅封面的花紋和材質選擇眾多，內頁還可以挑選樹皮或是半透明等其他地方沒有的材質。也有販售活版印刷的卡片和便簽等紙品及紙膠帶等雜貨。

谷町六丁目 ▶ MAP 附錄 P.15 C-2
06-4392-7972　休 週一、週二
12:00～18:00
中央区谷町6-4-24
地鐵谷町六丁目站4號出口步行3分
P 無

位於洋溢復古風情的「空堀商店街」

也有很多可愛的雜貨

原本在紙張批發公司工作的店主所推出的原創雜貨等商品，種類相當豐富，很多都是別處買不到的款式。

包紙12張 ¥450（未稅）
印有稿紙或是葉子圖案的包裝紙。可以在上面寫字後再包裝，或是作為書套使用

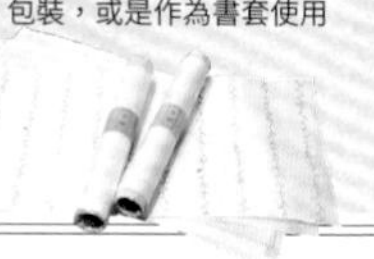

信封2張 ¥200（未稅）
有古典花紋等細緻圖案的美麗信封。凹凸紋路的觸感也很棒

step 2

選擇內頁用紙

從顏色、材質、款式都不同的內頁用紙中挑選3、4套紙張。可以配合用途來考慮排列順序

step 1

決定封面和封底用紙

貼有布料的厚紙板或是使用樹皮做的封面等，約有30種獨特的封面用紙！也可以自己帶喜歡的布料過去

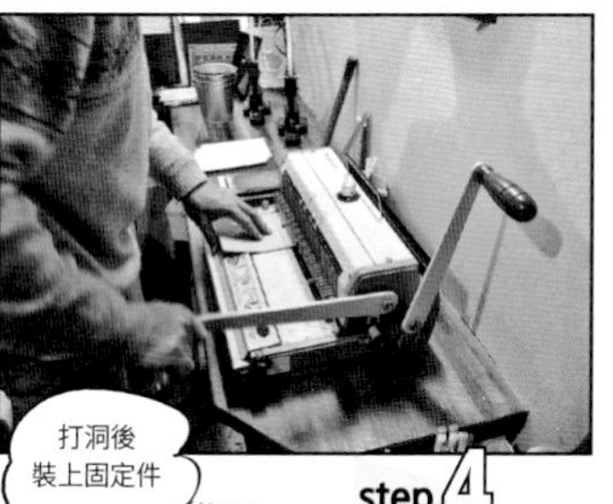

打洞後裝上固定件

step 3

選擇線圈和固定件

固定件有色彩豐富的圓扣、鬆緊帶、鈕扣等3種。可以配合線圈和扣眼的顏色來選擇

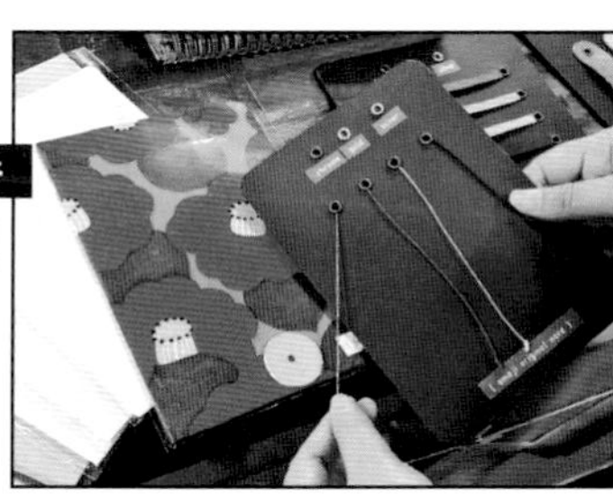

step 4

打洞後裝上線圈

決定好要直向還是橫向後，後續作業就交由店家來進行。大約10分鐘左右就能完成

FINISH!

完成只屬於你的筆記本

選擇的組件終於成型了♥還會附贈エモジ的原創墊板，真令人開心！

Experience

原創筆記本DIY

體驗 DATA

原創筆記本DIY

費用 ¥920～
所需時間 15分～ 預約 需要

封面、封底用紙各￥200(A5)和￥180(B6)。內頁用紙1包各￥200(A5)和￥180(B6)。可以選擇2～4 套。鬆緊帶、封緘各￥300

有許多印刷公司才有的可愛印花封面

燙金名字可以選擇金色和銀色2種。1行￥500，2行￥800

有強烈存在感的心形封緘也很受歡迎

也可以夾入彩色上質紙作為分頁

PICK UP!

這裡也可以體驗喔！

原創筆記本除了來店製作，也可以在網站上訂購

也有販售原創的明信片和月曆

印刷公司特有的創意就是魅力所在

irodori

イロドリ

這是身兼印刷公司展示間的雜貨店，販售從原創到店家精選的紙品雜貨。原創筆記本還可以將自己的名字燙金上去，或是把自己的插圖或照片做成封面。

本町 ▶ MAP 附錄 P.6 B-4

06-6446-2655 休 週六、週日、假日、不定休 10:00～17:00 西区京町堀1-4-9 京町橋八千代ビル1F 地鐵肥後橋站7號出口步行3分 P 無

※原創封面可能需要等待時間，款式和選項也可能會有所變動，詳情請洽店家

輕鬆遊覽大阪的名勝景點

搭乘水上巴士來趟巡訪水都大阪的船旅

都會印象強烈的大阪，其實還擁有「水都」這張面容。
以不同的視角來欣賞復古大樓和大阪城應該也會非常有趣。

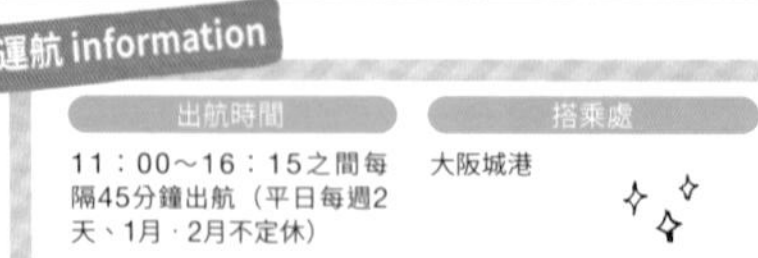

運航 information

出航時間	搭乘處
11：00～16：15之間每隔45分鐘出航（平日每週2天、1月．2月不定休）	大阪城港

日本第一艘藝術觀光船

HATApopLINER

ハタポップライナー

由大阪出身的藝術家「Masao Hatayama」進行船體設計。船屋頂以繽紛色彩描繪了大阪的名勝，也成為藝術之街．中之島的新象徵。

大阪城公園 ▶ MAP 附錄 P.13 B-3
☎0570-03-5551（預約中心）
📍中央区大阪城2（大阪城港搭乘處） 🚶JR大阪城公園站即達
¥ 大人1600円、小孩（小學生）800円 ※春季特別期間的收費會不同。採預約優先制（1名即可預約）
P 無
※人多時除了HATApopLINER，也會航行其他船隻，請事先確認

&MORE

還有其他水上巴士喔！

想要娛樂性更高的遊船行程，建議可以參加有趣導覽的Duck Tour！

水陸兩用的新感受巴士

大阪Duck Tour
おおさかダックツアー

先以巴士型態在陸地上遊覽，再配合導覽員的吆喝聲從櫻之宮公園衝入大川中！接著變身成船隻悠閒地遊覽都心。

天滿橋 ▶MAP 附錄 P.7 C-3

06-6941-0008
中央区北浜東1-2川之站八軒家（B1） 地鐵天滿橋站17號出口步行5分 ¥3500円
※需以電話事先預約。當天15分鐘前要到川之站八軒家地下1樓受理櫃台集合

運航 information

出航時間
9：10／ 10：45／ 13：00／14：35／16：20
※需洽詢（冬季的時間．路線．費用會不同）

集合
川之站八軒家（地下1樓）

1.以巴士型態繞行造幣局和大阪城周邊　2.變成船隻的瞬間就像是搭乘遊樂設施一樣讓人心跳加速！

水上巴士在櫻花季等時期也會隨時舉辦特殊遊船行程。

巡訪能量景點

在大阪的神社收集御朱印

嚴選當地人常去的6間神社！前往和歷史英雄有關的神社，或是有莊嚴社殿的神社，收集御朱印、提升運氣吧♪

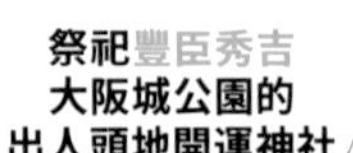

祭祀豐臣秀吉
大阪城公園的
出人頭地開運神社

御朱印 ¥300

御朱印帳 ¥2,000

豐國神社

ほうこくじんじゃ

這是祭祀豐臣秀吉與其子秀賴、異父弟秀長的神社。不妨效法從一介農民躍居天下人的秀吉，來此祈求出人頭地與開運吧！

大阪城公園 ▶ MAP 附錄 P.13 B-4

06-6941-0229 休無休 自由參拜（社務所為9:00~17:00）
中央区大阪城2-1 JR森之宮站、JR大阪城公園站步行15分
¥免費 P無

庇佑
出世開運

豐臣秀吉像在此迎接各位

真田幸村迷必來！
大阪城的祕密通道遺跡
絕對不能錯過

御朱印 ¥300

御朱印帳 ¥1,500

三光神社

さんこうじんじゃ

據說這裡就是大坂之陣時，真田幸村在地下挖掘祕密通道通往大阪城的地方。境內可以看到祕密通道的遺跡和幸村像，也是很受歡迎的賞櫻名所。

玉造 ▶ MAP 附錄 P.15 D-2

06-6761-0372 休無休 自由參拜（社務所為平日9:00～15:00，週六、週日、假日為9:00～16:00） 天王寺区玉造本町14-90 JR·地鐵玉造站步行5分 ¥免費 P無

庇佑
長壽、必勝

設有真田幸村在軍陣內英勇指揮形象的塑像

國寶級本殿一字排開
新年參拜必去的
「すみよっさん」

御朱印 ¥500

御朱印帳 ¥1,500

住吉大社

すみよしたいしゃ

日本全國2300多間住吉神社的總本社。採用住吉造的本殿是目前神社建築中最古老的樣式。境內也有許多能對旅行平安、學習才藝、結緣等加以保佑的攝社和末社。

住吉 ▶ MAP 附錄 P.3 D-3

06-6672-0753 休無休 6:00～17:00(10～3月為6：30～)，祈禱受理為9：00～16：00 住吉区住吉2-9-89 南海住吉大社站即達 ¥免費 P200輛

庇佑
航海安全、
生意興隆、
家內平安、
安產除厄

美麗的朱紅色反橋又被稱為太鼓橋，是神社的象徵

御守也要Check

心形繪馬
¥700
超過10種的繪馬裡面以本款最受歡迎
@阿初天神（露天神社）

結緣御守
¥600
和《曾根崎心中》有關的御守
@阿初天神（露天神社）

御守 **各¥800**
以獅子殿為設計的御守，除了除厄以外還有各種功效
@難波八阪神社

御守 **各¥1,000**
可以帶來良緣的小型御守，有藍色和粉紅色2種
@今宮戎神社

出世葫蘆御守
各¥1,200
豐臣秀吉的標誌．千成葫蘆形狀的御守，可以祈願出出人頭地 @豐國神社

勝守
¥700
赤備鎧甲的紅色加上六文錢的御守
@三光神社

常勝守
¥1,000
可以提高勝運的獨特御守。只要經常帶在身上，就能在人生勝負時發揮效果!?
@住吉大社

近松門左衛門的《曾根崎心中》的舞台可以祈願戀情圓滿

背面

御朱印 **¥300**

御朱印帳 **¥2,000**

阿初天神（露天神社）

おはつてんじん（つゆのてんじんしゃ）

元祿16（1703）年初演的《曾根崎心中》的故事舞台，以取自主角名字的「阿初天神」而為人所熟知。也是結緣的能量景點，吸引很多年輕女性前來。

梅田 ▶ MAP 附錄 P.11 C-2

☎06-6311-0895 休無休 ⏰9:00～18:00 📍北区曽根崎2-5-4
🚶地鐵東梅田站步行5分
¥免費 P無

庇佑
結緣、
安產、
生意興隆、
疾病平癒

也是都會裡的療癒景點，很多當地人都會前往參拜

某種意義上是網美照!?可以招來勝運、魄力十足的獅子殿

御朱印 **¥300**

御朱印帳 **¥1,500**

難波八阪神社

なんばやさかじんじゃ

以像是張開嘴巴吼叫、魄力十足的獅子殿廣受歡迎的難波一帶的產土神。獅子殿也可作為舞台，表演神樂和獅子舞。眼睛可以打出燈光、鼻子則是揚聲器。

難波 ▶ MAP 附錄 P.18 A-4

☎06-6641-1149 休無休 ⏰6:00～17:00 📍浪速区元町2-9-19
🚶南海難波站南出口步行6分
¥免費 P無

庇佑
除厄、
勝運

昭和49（1974）年跟本殿一起建造的獅子殿，高12m

帶著福竹來，生意就興隆♪從古至今備受大阪商人愛戴的古社

御朱印 **¥300**

Q版的可愛「惠比壽」

惠比壽守
¥500

今宮戎神社

いまみやえびすじんじゃ

作為商業之神廣獲庶民的信仰。最有名的是每年1月舉行的「十日戎」，在3天內會有將近100萬人參加，非常熱鬧。

新世界 ▶ MAP 附錄 P.14 B-4

☎06-6643-0150 休無休
⏰9:00～17:00
📍浪速区恵美須西1-6-10
🚶南海今宮戎站即達
¥免費 P10輛

庇佑
生意興隆

據說是創建於推古天皇時期的神社

大阪有許多蓋在都會區的神社，例如大阪天滿宮和生國魂神社等，不妨在觀光的空檔前去參訪吧！

遇見在發源地才能感受的樂趣

初次見面! 浪速的傳統娛樂 文樂

讓我來說明給人拘謹印象的文樂究竟樂趣何在。請放鬆享受觀劇的樂趣。

文樂 人偶師
Tamasuke Yoshida

人偶師吉田玉助先生 親自解答! 關於文樂的Q&A

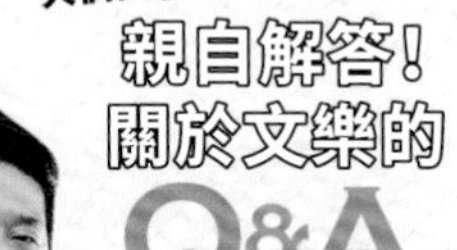

吉田玉助先生
2018年4月襲名自吉田幸助，成為五代目吉田玉助。承襲祖父、父親，一家三代都是活躍的人偶師。國中畢業後入門，藝歷37年

何謂文樂?

意即人形淨琉璃，簡單來說就是一種人偶劇。由講述人物和故事的太夫、藉由演奏讓故事更精采的三味線樂師、操控人偶使其栩栩如生活動的人偶師三位一體進行表演的綜合藝術。

Q 觀賞的訣竅是?

A可以在開演前先從節目冊了解一下大致劇情。雖然也有字幕，但最好還是掌握一下登場人物有哪些。另外還有人偶的華麗服飾和動作、可以演繹好幾個人的太夫口白、以及三味線的音色等，可以享受的重點其實有很多喔!

Q 有什麼樣的作品呢?

A大致可分為以歷史人物為題材的時代劇、以及像近松門左衛門創作的《曾根崎心中》等以江戶時代的庶民為主角的社會劇。另外還有較著重音樂和舞蹈的「景事」等等。

Q 人偶是如何動作的?

A由操控人偶頭部和右手的主遣、操控左手的左遣、操控腳部的足遣3人一起操控1個人偶，讓人偶做出栩栩如生的動作。

Q 給入門者的建議是?

A文樂可以說是由男性組成的娛樂表演集團。由於人偶師的主遣會露臉，因此不妨去尋找自己喜歡的技藝員，也是一種樂趣。

加藤主計之助清鄉
在《八陣守護城》中登場的加藤清正（劇中為正清）之子。由於是身分高貴的青年，因此會穿著深紫色帶有刺繡的華麗服飾

頭部的操控法

利用名為胴串的部分來操控臉部的表情和方向

精悍的表情

冥想

「你說什麼?」的表情

Q 人偶的大小為?

A高度約為120～150cm左右，加上服裝和小道具大約有3～10kg。

Q 要花幾年才能成為主遣?

A要演出主角級人物大約要花超過30年吧。剛開始是足遣，然後是左遣，各自要有10年以上的經驗。與此同時也要練習擔任配角等的主遣。

Q 如何才能成為技藝員?

A有從國中畢業到23歲之間的男性都可以參加的研修制度。會在2年間進行各種研修，學習技藝。

由黑川紀章所打造的傳統與摩登融合的劇場

こくりつぶんらくげきじょう
國立文樂劇場

以被聯合國教科文組織列為非物質文化遺產、發源自大阪的傳統藝能．人形淨琉璃文樂為中心，以保存與振興上方傳統藝能為目標的劇場。除了文樂的定期公演之外，也有舞踊、邦樂、演藝等表演活動。

日本橋 ▶ MAP 附錄 P.19 D-2
☎06-6212-2531 休視公演而異 時視公演而異（售票口為10：00～18：00） 中央区日本橋1-12-10 地鐵．近鐵日本橋站即達 ¥視公演而異 P無

公演情報
文樂的本公演爲1月、4月、7月～8月、11月，共每年4次（約3週）。6月也會舉辦最適合文樂入門者的「文樂鑑賞教室」公演（約2週）。

劇場內不可錯過的point 4

1 伴手禮

位於2樓的商店。公演期間即使沒有票也能來選購

票夾
各¥400

一筆箋 各¥400

文樂公演節目冊
¥700

內附大綱、解說、床本集

文樂仙貝
¥650

2 建築

由知名建築師黑川紀章所設計的歷史×現代共存的現代建築。玄關大廳的格子構造、樓梯窗戶的精心設計、用於大廳椅子的江戶棒樣式等，都是將江戶時代的風情融入現代風格當中的展現

BEAUTIFUL

3 芝居繪

1樓大廳裝飾的芝居繪是描繪每次公演時的內容

4 紀念戳章

位於2樓大廳的紀念戳章。每次公演都會不一樣，收集不同的戳章也很有趣

請吉田玉助先生為我們介紹劇場內部

入口

從迴廊風格屋簷下的正面玄關進入1樓大廳

EXCITED

售票口

1樓售票口也有販售當日票。也可以事前在官網或以電話（國立售票中心☎0570-07-9900）購票

照相點

位於1樓大廳的巨大人偶。很多人都會在這裡拍紀念照

WOAH!

公演前後請務必過來參觀

資料展示室

陳列了文樂相關展示品的1樓展示室。沒購票也能入內參觀

耳機導覽

可以在2樓大廳租借。會配合舞台進行來說明故事大綱、角色、服飾、道具、文樂特有的規定等等。一台700円

WONDERFUL

劇場

文樂公演時最多容納731席的劇場。面向舞台的右側就是太夫與三味線樂師所在的「床」

文樂的基礎用語

- 技藝員→文樂的太夫、三味線樂師、人偶師
- 三業→文樂的太夫、三味線樂師、人偶師等3個要素
- 床本→太夫所使用的劇本
- 淨瑠璃→以三味線伴奏的說唱表演藝術之一。由太夫投入豐富的情感來敘述故事中所有的台詞
- 首→人偶的頭部。劇場現在管理的約有80種，總數約有320番（首的計算單位是番）

巴士導遊會介紹各種觀光名勝喔！

輕輕鬆鬆周遊大阪名勝♪

來搭乘OSAKA SKY VISTA吧！

因為沒有車頂所以開放感絕佳！可用360度的全景視野進行大阪觀光的巴士

OSAKA SKY VISTA是能將大阪市內的觀光名勝以更寬廣的全景視角進行遊覽的雙層露天巴士。不論是以大阪城為首的歷史建築物，或是阿倍野海闊天空大廈等地標大樓，都可以在車上一邊感受著季節微風、一邊盡情觀賞。起點和終點都是JR大阪站，可以輕鬆舒適地進行大阪觀光，請務必乘坐看看。

オオサカスカイビスタ

OSAKA SKY VISTA

大阪站前 ▶ MAP 附錄 P.8 A-4

☎0570-00-2424（西日本JR巴士預約中心／10:00～19:00） 休不定休（運行時間會視時期而異） ¥大人1,500円、小孩1,000円（未滿3歲不可搭乘）

JR大阪站中央驗票閘門即達

※搭乘時請配合戴上口罩並消毒

路線有北區的「梅田路線」和南區的「難波路線」2種！

梅田路線

在參訪過梅田周邊後，就會前往造幣局和太閤秀吉的名城·大阪城。由於會行經中之島，因此能近距離欣賞水都大阪的風景。

大阪站 JR高速巴士總站 START

梅田藍天大廈

這是可以從頂樓的「空中庭園展望台」一覽大阪街道的知名景點

阿初天神

作為近松門左衛門的《曾根崎心中》故事舞台而聞名的神社

造幣局

每年春天的「櫻花步道」是超有人氣的賞花景點

大阪城

由豐臣秀吉興建。平成大整修工程結束後，可以看見美麗的天守閣

難波路線

從時尚的大樓群到通天閣、道頓堀等，遊覽內容極為豐富。路線中也有四天王寺等歷史景點，可以廣泛地認識大阪的各種面貌。

御堂筋

兩旁的銀杏樹非常美麗，是穿越大阪中心的主要幹道

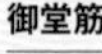

道頓堀

大阪南區最具代表性的繁華街。有餐飲店等各式各樣的店家林立

電電街

集結許多販售家電的小賣店，目前也逐漸進化成動漫和音樂之街

1. 座位都在2樓。全面使用玻璃窗，讓景色清晰可見（不可指定座位）
2. 雨天時會將車頂關起。建議先在網路預約，以免現場擁擠

車內也會販售原創巴士商品

OSAKA SKY VISTA 原創發聲巴士（1台） ¥1,500

近鐵巴士原創紙膠帶（1個） ¥350

乘車DATA

費用	¥1,500	所需時間	每條路線約60分
運行時間		乘車處	
難波路線 9:30～、14:40～ 梅田路線 11:40～、17:00～		大阪站JR高速巴士總站	

※可在大阪站JR高速巴士總站售票中心購票，或是上網進行預約。若是當天還有空位，乘車處也會販售

大阪歷史博物館
介紹都市「OSAKA」的歷史性綜合博物館

(停靠站‧只限下車)
川之站 八軒家
在江戶時代作為淀川船運港口的「八軒家濱」遺址上重建的熱鬧設施

大阪市役所
沿著御堂筋建造的莊嚴廳舍，於昭和60（1985）年竣工

日本銀行
日本銀行大阪分行的舊館。巴洛克風格的建築樣式非常優雅

中之島 Festival Tower
設有辦公室、餐廳、商店等、高200m的超高層大樓

GOAL

大阪站 JR高速巴士總站

通天閣
新世界的象徵 最高層有幸運 比利肯像坐

(停靠站‧只限下車)
阿倍野海闊天空大廈
地上層60層樓，高達300m的日本第二高大樓

四天王寺
由聖德太子建造，特色是擁有日本最古老建築樣式的伽藍配置

谷町
保留了許多寺院和長屋，充滿復古風情的街道

中之島 Festival Tower

梅田藍天大廈

GRAND FRONT大阪
位於JR大阪站的北側，集結了辦公室、飯店和多種商業設施

HOW TO GO TO OSAKA

ACCESS GUIDE 交通指南

ARRIVAL

［抵達大阪後要如何移動？］

要預先掌握的要點！
Key Point

◆從機場出發時，建議搭乘不用轉乘的巴士。
◆前往主要觀光名勝時，利用地鐵御堂筋線是基本原則。
◆JR大阪環狀線有分內環和外環，請務必注意。

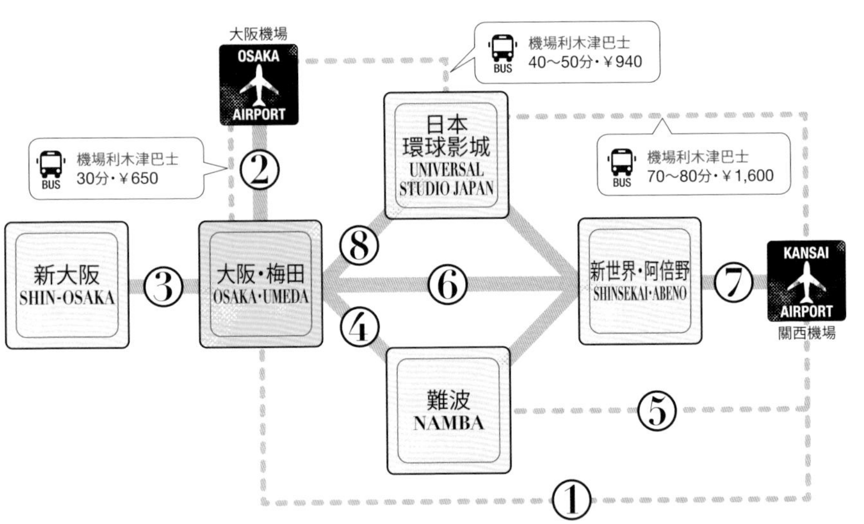

往大阪站・梅田

② 大阪(伊丹)機場→大阪(梅田)站
OSAKA AIRPORT→OSAKA(UMEDA) STATION

TRAIN

電車(大阪單軌電車、阪急寶塚線)　**20分・¥430**

▶大阪機場→(大阪單軌電車)→螢池→(阪急寶塚線急行)→梅田站
▶大阪單軌電車白天1小時6班、阪急白天1小時12～18班

BUS

巴士(機場利木津巴士)　**30分・¥650**

▶大阪機場→(阪急觀光巴士／阪神巴士)→大阪站前(大阪MARUBIRU•新阪急飯店•HERBIS OSAKA)
▶白天1小時1～5班

往大阪站・梅田

① 關西機場→大阪(梅田)站
KANSAI AIRPORT→OSAKA(UMEDA) STATION

TRAIN

電車(JR關空快速)　**1小時10分・¥1,210**

▶關西機場站→(JR關空快速)→大阪站
▶白天1小時3～4班

BUS

巴士(機場利木津巴士)　**1小時・¥1,600**

▶關西機場→(關西空港交通／阪急觀光巴士／阪神巴士)→大阪站
▶白天1小時2～4班

TRAVEL TIPS FOR ARRIVAL

《優惠票券》ABOUT BUDGET TICKETS

如果要搭乘大眾交通工具遊覽觀光名勝，購買乘車券同捆景點優惠折扣或特典的車票會比較划算。但是要注意購買地點和使用期間。

樂享環保卡(Enjoy Eco card)

只要出示印有使用當天日期的一日乘車券，在市內的觀光設施或遊船等場合就能享有門票或船票的優惠。週六、週日、假日的售價為￥620。
費用：¥820．1日有效
販售：地鐵各站、站內賣店等

《定期觀光巴士》ABOUT SIGHTSEEING BUS

搭乘觀光巴士就可以不用轉乘地鐵，或是看著地圖走來走去。可以更有效率地遊覽觀光名勝，舒適又便利。

OSAKA SKY VISTA

雙層構造的露天巴士，有遊覽大阪城等觀光名勝的梅田路線和難波路線等2條路線。開放感十足的360度全景視野極具魅力。
運行期間：不定休
所需時間：1小時
費用：¥1,500
出發地：大阪站JR高速巴士總站
大阪站JR高速巴士總站→梅田藍天大廈→阿初天神→造幣局→大阪城→大阪歷史博物館→川之站八軒家→中央公會堂→大阪市役所→日本銀行→中之島Festival Tower →大阪站JR高速巴士總站 ※也有難波路線

移動時要轉乘主要路線

想要周遊大阪，只要記住幾條主要路線就沒問題。要前往新大阪、心齋橋或天王寺等主要場所時，要搭乘「地鐵御堂筋線」；要前往海遊館所在的大阪港或是離大阪城公園最近的森之宮等觀光地時，要搭乘「地鐵中央線」；要前往離北新地或大阪車站城較近的西梅田時，搭乘「地鐵四橋線」就很方便。由於地鐵各有各的代表色，可以作為轉乘時的標記。JR的場合，基本上有環繞一圈的「大阪環狀線」，以及能前往日本環球影城的「夢咲線」。由於該路線也有運行關空快速等列車，因此乘車時請特別注意停靠站。

CONTACT

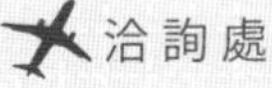

Ⓒ ONTACT…洽詢單位

●鐵道
Ⓒ JR西日本旅客服務中心 ☎0570-00-2486

●機場利木津巴士
Ⓒ 關西空港交通利木津巴士 ☎072-461-1374
Ⓒ 大阪空港交通綜合服務處 ☎06-6844-1124
Ⓒ 阪神巴士服務中心 ☎06-6411-6601

往大阪站

③ 新大阪站→大阪(梅田)站
SHIN-OSAKA STATION→OSAKA(UMEDA) STATION

TRAIN 電車(JR京都線) 4分・¥160
▶新大阪站→(JR京都線)→大阪站
▶白天1小時16班

往難波站

④ 大阪(梅田)站→難波站
OSAKA(UMEDA) STATION→NAMBA STATION

TRAIN 電車(地鐵) 8分・¥230
▶梅田駅→(地鐵御堂筋線)→難波站
▶白天1小時15～23班

⑤ 關西機場→難波站
KANSAI AIRPORT→NAMBA STATION

TRAIN 電車(南海電鐵) 40分・¥1,450
▶關西機場站→(南海特急Rapi:t β)→南海難波站
▶白天1小時2班

往新世界・阿倍野

⑥ 大阪(梅田)站→新世界・阿倍野
OSAKA(UMEDA) STATION→SHINSEKAI/ABENO

TRAIN 電車(JR大阪環狀線[內環]等)
▶大阪站→(JR關空快速等)→新今宮站
▶白天1小時16～20班 15分・¥180
▶梅田站→(地鐵御堂筋線)→動物園前站
▶白天1小時15～23班 13分・¥230

⑦ 關西機場→新世界・阿倍野
KANSAI AIRPORT→SHINSEKAI/ABENO

TRAIN 電車(南海電鐵・JR關西機場線)
▶關西機場站→(南海特急Rapi:t β)→新今宮站
▶白天1小時2班 35分・¥1,450
▶關西機場站→(JR特急HARUKA)→天王寺站
▶白天1小5～6班 40分・¥2,470

往日本環球影城

⑧ 大阪→日本環球影城
OSAKA→UNIVERSAL STUDIO JAPAN

TRAIN 電車(JR大阪環狀線・夢咲線) 12分・¥180
▶大阪站→(JR大阪環狀線・夢咲線)→環球城站
▶白天1小時4～10班

・從大阪出發也可以在西九條站轉乘夢咲線

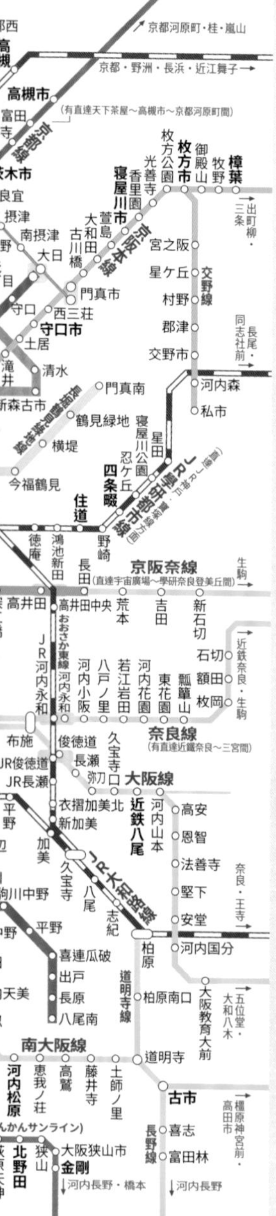

ACCESS GUIDE 交通指南

ARRIVAL

[熟練地搭乘大阪的電車]

ARRIVAL OSAKA

有了這個就能安心！

大阪周邊

RAILWAY ROUTE MAP

鐵道路線圖

熟悉如何
搭乘電車後，
在大阪市內
暢行無阻吧！

主要路線的介紹
~交通重點~

JR大阪環狀線

★基本上有標示「大阪環狀線」、環繞市內一圈的電車，以及經由天王寺～大阪～環球城～櫻島的「夢咲線」直通電車

★大阪環狀線有分順時鐘繞行的「外環」和逆時鐘繞行的「內環」

★也有運行「大和路快速」、「關空快速」、「紀州路快速」等路線，搭乘時請注意停靠站

地鐵御堂筋線

★代表色為紅色

★「千里中央」、「新大阪」、「中津」行是往梅田方向的電車

★「なかもず」、「天王寺」行是往難波方向的電車

※ 梅田～難波～天王寺之間的移動，可以搭乘任一種電車

地鐵中央線

★代表色為綠色

★路線上有離海遊館最近的大阪港、可以轉乘JR大阪環狀線的弁天町、連接御堂筋線的本町、離大阪城公園最近的森之宮等，因此非常方便

地鐵四橋線

★代表色為藍色

★西梅田～大國町之間的路線是在御堂筋線的西側與其並行

★西梅田離大阪車站城和HERBIS OSAKA、北新地都很近

三田
(有直達日生中央～阪急梅田間)
能勢電鐵
箕面線
箕面
牧落
桜井
石橋阪大前
柴原阪大前
少路
千里中央
大阪單軌電車
北千里
阪大病院前
公園東口
万博記念公園
寶塚
清荒神
売布神社
中山観音
山本
雲雀丘花屋敷
池田
川西能勢口
寶塚南口
中山寺
川西池田
蛍池
大阪機場
豊中
岡町
曽根
服部天神
庄内
三国
寶塚線
北大阪急行
(直達千里中央～なかもず)
桃山台
緑地公園
江坂
東三国
新大阪
千里線
(北千里～天下茶屋間有直達)
山田
南千里
千里山
関大前
豊津
吹田
東淀川
岸辺
JR京都線
下新庄
上新庄
南吹田
逆瀬川
小林
仁川
甲東園
門戸厄神
今津線
甲陽線
甲陽園
苦楽園口
北伊丹
伊丹
伊丹線
新伊丹
稲野
JR寶塚線
猪名寺
園田
神崎川
西中島南方
芦屋川
夙川
西宮北口
武庫之荘
塚口
神戸線
(有直達新開地～梅田間)
十三
南方
崇禅寺
淡路
JR淡路
城北公園通
神戸三宮
甲子園口
立花
尼崎
加島
塚本
中津
大阪梅田
中崎町
柴島
天神橋筋六丁目
都島
芦屋
さくら夙川
西宮
三ノ宮
阪神国道
JR神戸線
御幣島
福島
海老江
大阪
梅田
東梅田
天満
扇町
谷町線
野江
堺筋線
南森町
大阪城北詰
桜ノ宮
打出
香櫨園
久寿川
甲子園
武庫川女子大前
鳴尾・武庫川
武庫川
出屋敷
大物
杭瀬
千船
姫島
淀川
野田
野田阪神
福島
新福島
西梅田
北新地
JR東西線
今津
阪神本線
(有直達山陽姫路～梅田、三宮～近鐵奈良間)
尼崎センタープール前
出来島
福
伝法
千鳥橋
阪神難波線
東鳴尾
洲先
武庫川線
武庫川団地前
玉川
千日前線
渡辺橋
京阪中之島線
大阪天満宮
中之島
肥後橋
大江橋
なにわ橋
北浜
天満橋
淀屋橋
中央線
西九条
安治川口
環球城
JR夢咲線
桜島
弁天町
九条
阿波座
西大橋
四橋線
御堂筋線
本町
心齋橋
堺筋本町
松屋町
谷町四丁目
谷町六丁目
西長堀
長堀橋
四橋
桜川
日本橋
千日前
難波
大阪難波
ドーム前
ドーム前千代崎
長堀鶴見緑地線
朝潮橋
大阪港
大正
汐見橋
JR大阪環状線
汐見橋線
JR難波
南海難波
大国町
今宮戎
近鉄日本橋
恵美須町
難波線
谷町九丁目
大阪上本町
四天王寺前夕陽ケ丘
天王寺
宇宙廣場
トレードセンター前
中ふ頭
ポートタウン西
ポートタウン東
フェリーターミナル
南港東
南港口
新電車南港港城線
芦原町
木津川
津守
西天下茶屋
芦原橋
今宮
新今宮
新今宮駅前
動物園前
天王寺駅前
大阪阿部野橋
(阿部野橋)
萩ノ茶屋
今池
今船
阿倍野
阿倍野
松田町
天下茶屋
北加賀屋
住之江公園
平林
玉出
岸里
花園町
岸里玉出
四橋線
松虫
北天下茶屋
東天下茶屋
谷町
聖天坂
天神ノ森
上町線
姫松
北畠
帝塚山
帝塚山3
帝塚山4
昭和町
住吉東
西田辺
長居
関西機場
関西機場線
機場線
臨空城
泉佐野
井原里
鶴原
二色浜
貝塚
蛸地蔵
岸和田
和泉大宮
春木
忠岡
泉大津
松ノ浜
北助松
高石
高師浜
伽羅橋
高師浜線
羽衣
浜寺駅前
諏訪ノ森
石津川
湊
堺
七道
住ノ江
住吉大社
粉浜
東玉出
塚西
東粉浜
住吉
住吉鳥居前
細井川
神ノ木
沢ノ町
我孫子前
浅香山
我孫子町
杉本町
浅香
堺市
三国ヶ丘
南海本線
和歌山市
南海線
羽倉崎
水間鉄道
東羽衣
JR羽衣線
浜寺公園
船尾
石津
石津北
東湊
御陵前
寺地町
宿院
大小路
花田口
妙国寺前
神明町
綾ノ町
高須神社
大和川
我孫子道
安立町
阪堺電軌阪堺線
堺東
百舌鳥八幡
中百舌鳥
泉北高速
和歌山
日根野
熊取
東佐野
和泉橋本
東貝塚
東岸和田
下松
久米田
和泉府中
信太山
北信太
富木
鳳
津久野
上野芝
百舌鳥
JR阪和線

Where are you going?

INDEX
大阪

日文假名

英文N-Z

符號•數字

英文A-M

●Discovery ●Gourmet ●Shopping ●Experience

Special Thanks

Thank you!

十六～二十劃

二十一～二十五劃

六～十劃

十一～十五劃

一～五劃

COLOR PLUS
OSAKA

MAP & TRANSPORT

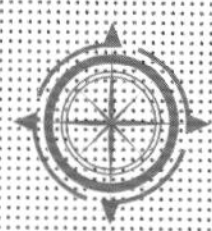

I'll take you anywhere you want!

icon

…GOURMET
…DISCOVERY
…SHOPPING
…HEALING
…EXPERIENCE

C…便利商店 R…餐廳 S…超市

ACCESS NAVI
大阪機場站
大阪單軌電車 2分
螢池站
阪急寶塚線急行 15分
梅田站
地鐵御堂筋線 6分
心齋橋站
2分
難波站
6分
天王寺站
ACCESS NAVI
新大阪站
地鐵御堂筋線 7分
梅田站
新大阪站
JR京都線 4分
大阪站
步行即達
梅田站
地鐵御堂筋線 6分
心齋橋站
2分
難波站
6分
天王寺站
ACCESS NAVI
大阪機場站
大阪單軌電車 2分
螢池站
阪急寶塚線急行 15分
新大阪站
JR京都線 4分
大阪站
JR夢咲線直達電車 12分
環球城站
喜八洲総本舗 P.114
うぐいすボール P.114
HACHIMITSU SWEETS en-nui P.114
FRUIT GARDEN 山口果物 P.114
りくろーおじさんの店 P.114
pon pon × Chris.P P.114
旅弁当 駅弁にぎわい P.114
EKI MARCHE新大阪 P.114
P.123 大阪日本民藝館
P.122 國立民族學博物館
P.23 萬博紀念公園
P.23 EXPO'70 萬博展覽館
大阪機場
大阪國際機場
大阪府
兵庫県
池田市
箕面市
川西市
伊丹市
豊中市
吹田市
尼崎市
大阪市
茨木市
摂津市
守口市
寝屋川市
門真市
東淀川区
淀川区
北区
都島区
新大阪
中国自動車道
名神高速道路
近畿自動車道
大阪モノレール
阪急宝塚線
阪急箕面線
阪急千里線
阪急京都線
阪急神戸線
北大阪急行
東海道本線
東海道新幹線
おおさか東線
京阪本線
阪神高速池田線
福知山線
淀川
千里IC
吹田Jct
吹田SA
守口Jct
門真Jct
第二京阪道路

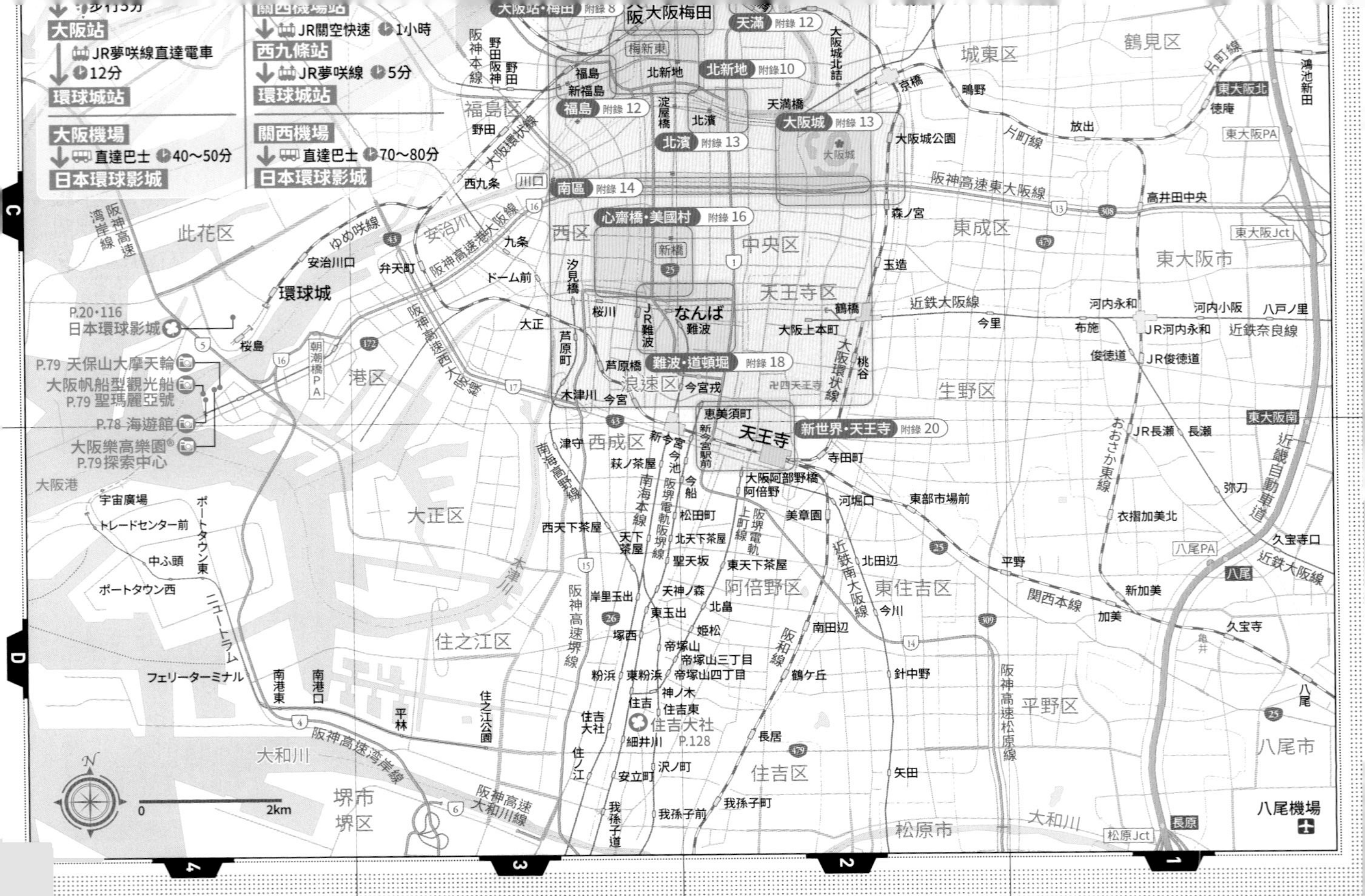
大阪站
JR夢咲線直達電車
12分
環球城站
大阪機場
直達巴士
40～50分
日本環球影城
關西機場站
JR關空快速
1小時
西九條站
JR夢咲線
5分
環球城站
關西機場
直達巴士
70～80分
日本環球影城
大阪站・梅田 附錄 8
大阪梅田
天滿 附錄 12
北新地 附錄10
福島 附錄 12
北濱 附錄 13
大阪城 附錄 13
南區 附錄 14
心齋橋・美國村 附錄 16
なんば
難波・道頓堀 附錄 18
天王寺
新世界・天王寺 附錄 20
P.20・116
日本環球影城
P.79 天保山大摩天輪
大阪帆船型觀光船
P.79 聖瑪麗亞號
P.78 海遊館
大阪樂高樂園®
P.79 探索中心
住吉大社
P.128
環球城
此花区
港区
大正区
住之江区
西区
中央区
天王寺区
浪速区
西成区
阿倍野区
東住吉区
住吉区
平野区
生野区
東成区
城東区
鶴見区
福島区
東大阪市
八尾市
松原市
堺市
堺区
大阪港
大和川
八尾機場
阪神高速東大阪線
阪神高速湾岸線
阪神高速大和川線
阪神高速松原線
阪神高速堺線
近畿自動車道
大阪環状線
近鉄大阪線
近鉄奈良線
近鉄南大阪線
関西本線
阪和線
おおさか東線
南海本線
南海高野線
阪堺電軌阪堺線
ニュートラム
0
2km

大阪之旅的玄關口MAP

陸路的玄關口「新大阪」和空路的玄關口「大阪（伊丹）機場」、「關西機場」。在各自的站內都有許多伴手禮店等充實的設施，也有利木津巴士和電車等多種交通工具，令人感到安心。

JR在來線驗票閘門內不僅有「EKI MARCHÉ新大阪」，還有許多餐飲店和伴手禮店等各式各樣的店鋪。1樓則是方便移動的地鐵御堂筋線新大阪站。

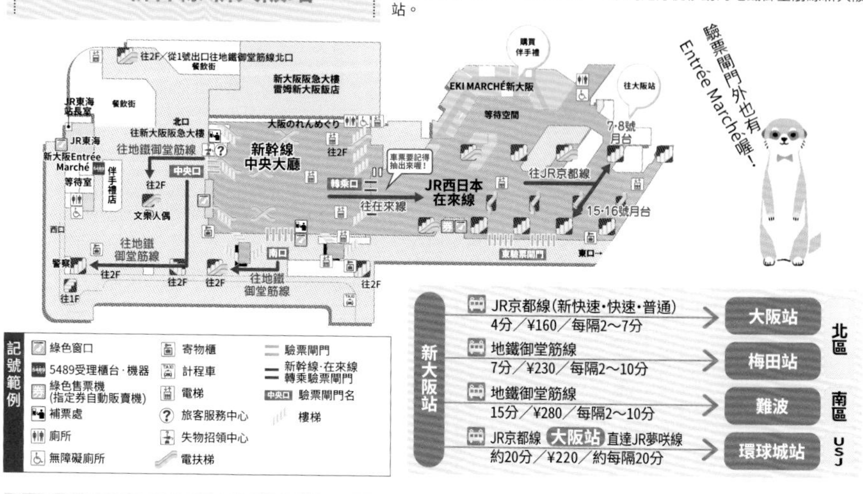

大阪（伊丹）機場

日本國內線的班次很多，到大阪・梅田搭利木津巴士也只要30分鐘，交通非常便利。抵達、出發都是在2樓。

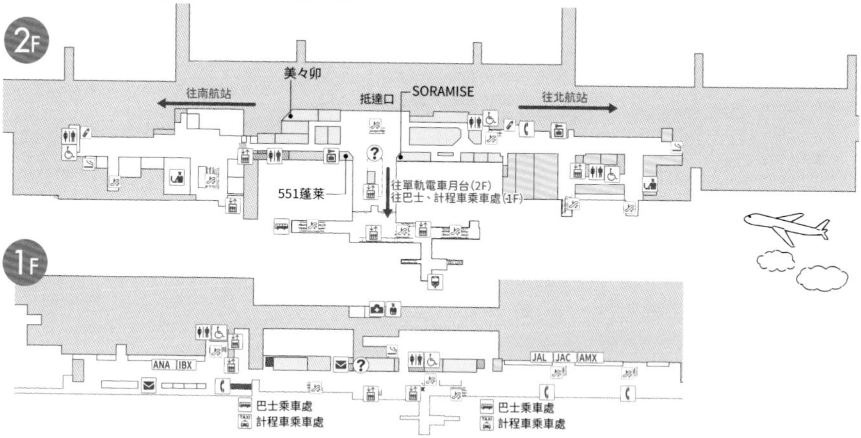

2F
美々卯
往南航站
抵達口
SORAMISE
往北航站
551蓬萊
往單軌電車月台(2F)
往巴士、計程車乘車處(1F)

1F
ANA IBX
JAL JAC AMX
巴士乘車處
計程車乘車處
巴士乘車處
計程車乘車處

記號範例
廁所
無障礙廁所
哺乳室
公共電話
電梯
電扶梯
出發手提行李檢查站
警察
寄物櫃
巴士乘車處
計程車乘車處
診所・牙科
旅客服務中心
郵局
吸菸室
單軌電車
ANA JAL 各航空公司受理櫃臺

大阪（伊丹）機場

- 大阪單軌電車 螢池站 阪急寶塚線急行 20分／¥430／每小時2～8班 → 梅田站（北區）
- 阪急觀光巴士 30分／¥650／每小時1～7班 → 大阪站前(MARUBIRU・HERBIS OSAKA等)（北區）
- 阪急觀光巴士 30分／¥650／每小時2～5班 → 難波（南區）
- 阪急觀光巴士 40分／¥940／每小時1～3班 → USJ（USJ）

關西機場

分為第一航廈與廉價航空停靠的第二航廈。機場大樓內與利木津巴士、JR、南海電鐵直通，能夠輕鬆前往大阪市內。

■計程車・利木津巴士乘車處（1F）

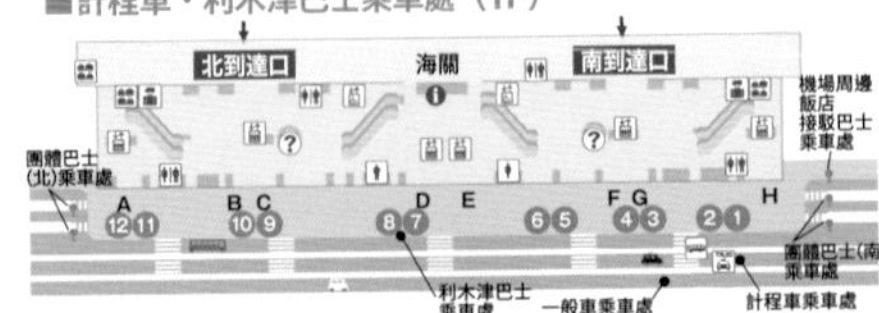

利木津巴士乘車處

1. 往關西機場觀覽大廳
2. 往泉北新城・金剛・河內長野、往淡路・鳴門・德島
3. 往和歌山、往茨木、往南港・天保山・日本環球影城
4. 往尼崎、往西宮
5. 往大阪站前・茶屋町・新梅田City・新大阪・千里新城、往南海難波站(夜行巴士)
6. 往神戶三宮・六甲人工島、往姬路・加古川、往高野山(奧之院前)
7. 往近鐵上本町・心齋橋、往高松、往阿倍野海闊天空大廈
8. 往伊丹機場・螢池站、往高速京田邊・京都站八条口・京都市內
9. 往奈良、往近鐵學園前・學研都市、往大和八木
10. 往天滿橋、往寢屋川・枚方・くずは、往大阪城・日本橋、往東大阪
11. 往難波(OCAT)、往岡山
12. 往臨空城 Rinku Premium Outlet

第一航廈(2F)

※2022年9月時正在進行整修工程

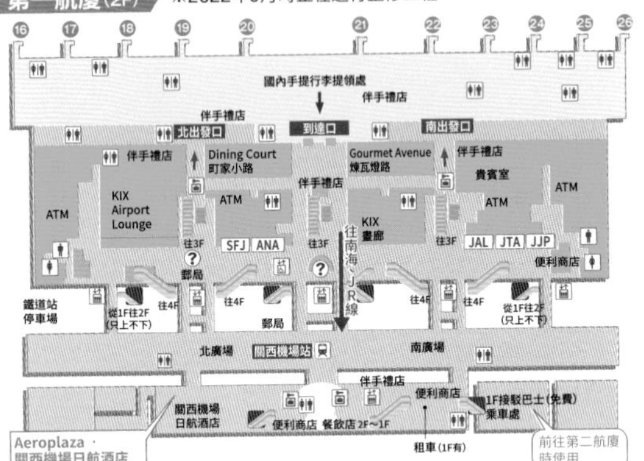

第二航廈(1F)

要前往第二航廈，可以從Aeroplaza 1樓的巴士乘車處搭乘免費接駁巴士（所需時間7～9分）。接駁巴士每隔2～8分鐘會有一班，但是在飛機出發較集中的時段容易人多擁擠，最好預留充裕的時間來移動。

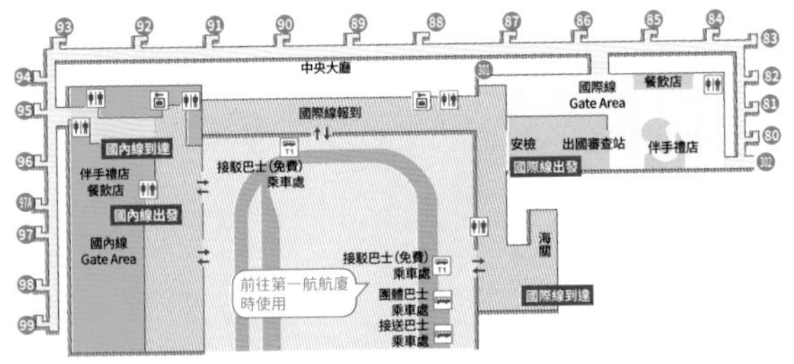

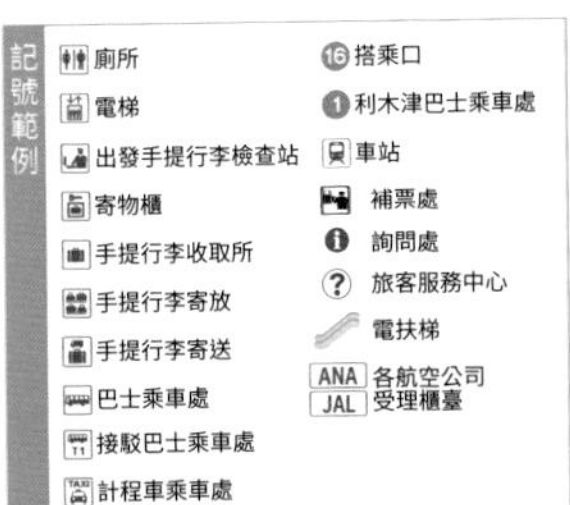

■位置圖

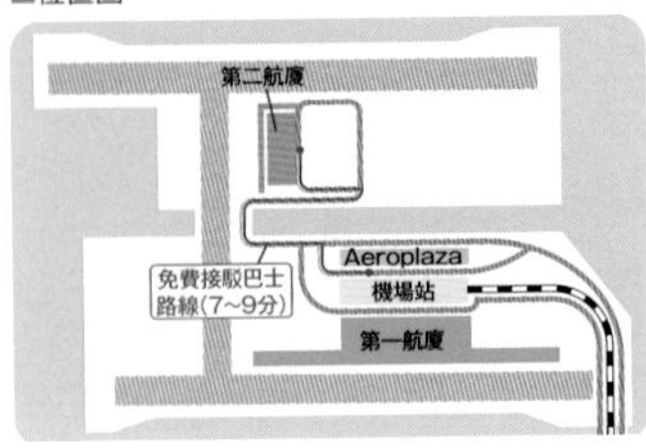

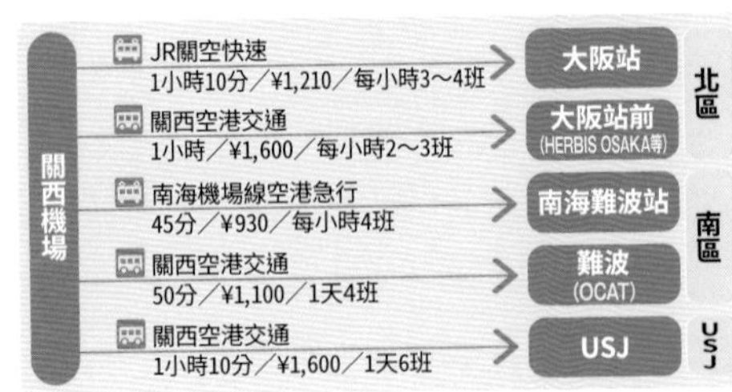

KITA
北區
周邊圖 >> 附錄3
十三駅
中津駅
大淀署
中津駅
新大阪駅
本庄中通
大阪站・梅田 附錄8
南蛮文化館
中津
北野
北署
大阪府
OSAKA
大阪市
阪急宝塚・京都線
阪急神戸線
東海道本線
中津病院
ナチュレ
インターコンチネンタル
大淀中2
大淀中1
大淀中3
ライフ
大阪廣域 往附錄3
大淀中3
P.86
梅田藍天大廈・空中庭園展望台
ウェスティン
大淀中
大淀中2
OSAKA-UMEDA
大阪梅田駅
大東洋
地下鉄谷町線
堂山町
喜多八
OSAKA
大阪駅
梅田駅
UMEDA
阪急うめだ本店
北新地 附錄10
大丸梅田店
阪神前
曽根崎署
尼崎駅
金蘭会高・中
福島6
大阪梅田駅
阪神
東梅田駅
新御堂筋
梅田
ヒルトン
第一
東海道本線
追突注意
西梅田駅
イー
塚本出口
福島 附錄12
阪神本線
北新地駅
桜橋
福島
阪神高速池田線
JR東西線
梅田新道
梅新東
上福島小
阪神
福島駅
福島駅
大阪環状線
西九条駅
浄正橋
ANA クラウンプラザ
堂島
天満署
FUKUSHIMA
福島区
新福島駅
出入橋
大江橋駅
北濱 附錄13
福島小
尼崎駅
尼崎駅
田蓑橋
渡辺橋駅
大阪市役所
なにわ橋駅
関西電力病院
中之島
淀屋橋駅
JCHO 大阪病院
大阪中之島美術館
三井ガーデン
京阪中之島線
堂島川
肥後橋
中之島駅
土佐堀川
肥後橋駅
土佐堀
淀屋橋駅
市立科学館
筑前橋
リーガロイヤル
graf studio (shop&kitchen) P.102
大阪国際会議場
地下鉄四つ橋線
阪神高速環状線
堂島大橋
土佐堀1
常安橋
Ristorante e Pizzeria SANTA LUCIA P.47
住友病院
姫島出口
路旁的銀杏樹往南延伸。一到晚秋，整條路都會染上黃色
西船場小
P.57 TAKAMURA WINE & COFFEE ROASTERS
なにわ筋
P.125 irodori
BOTANI: CURRY P.48
御堂筋
地下鉄御堂筋線
湯木美術館
大阪科学技術センター
中之島西
NISHI
西区
CAFÉ SIK P.54
CHUO
中央区
花乃井中
四つ橋筋
本願寺津村別院（北御堂）
野田阪神駅
土佐堀3
過去曾經是駐日美軍的飛行場。玫瑰和櫻花非常漂亮
昭和橋
阪神高速神戸線
地下鉄千日前線
あみだ池筋 全線禁止右轉
靭公園
信濃橋
相愛大・高・中
昭和橋西
Kaigen Cafe P.93
川口
岡崎橋
靭本町1
本町駅
本町3
本町通
サンライフ
信濃橋
木津川橋
西船場Jct
久太郎町3
阿波座
本町駅
阪神高速大阪港線
西局
阿波座駅
九条出口
地下鉄中央線
阪神高速東大阪線
駅前
阿波座1
四ツ橋駅
心斎橋駅
A
B

淡路駅
天神橋筋六丁目駅
都島入口
城北出口
都島橋東詰
都島二工高
都島工高
都島署
都島駅
地下鉄谷町線
市道大阪環状線
守口駅
樋之口町
菅北小
天満 附錄 12
天神橋5
都島橋
パントリー
総合医療センター
都島本通
都島小
都島中通
リバーサイド
都島署
MIYAKOJIMA
都島区
北区役所
天満駅
長柄
桜ノ宮駅
大阪環状線
大阪廣域 往附錄 3
扇町公園
扇町
扇町駅
源八橋
中野町4
中野小
都島中
源八橋
源八橋西詰
京橋駅
扇町
阪神高速守口線
天神橋筋
地下鉄堺筋線
帝国
天満橋筋
桜之宮野球場
都島区役所
区役所前
KITA
北区
祭祀身為學問之神而聞名的菅原道真。這裡的天神祭是日本三大祭之一
扇町総合高
桜之宮公園
聖和病院
東高
蒲生四丁目駅
京橋北
南森町
南森町駅
北稜中
桜宮橋
東野田
堀川小
グルメシティ
東天満
JR東西線
東野田町
大阪天満宮駅
南森町
桜の宮橋
京橋駅
西天満小
大阪天満宮
滝川小
造幣局
桜宮小
地下鉄長堀鶴見緑地線
造幣博物館
東野田
藤田美術館
京橋駅
大川
大阪城北詰駅
片町
P.55 Cafe Tokiona
造幣局的腹地內，每到櫻花季就會開放櫻花步道
一回頭就能看見大阪城，務必一看
北浜
片町
片町橋
大阪ビジネスパーク駅
COBATOPAN
P.109 工場
京阪本線
中之島公園
天神橋
中之島公園
天満橋
川崎橋
北浜駅
北浜2
北浜駅
大阪城 附錄 13
天満橋駅
京橋
新鴫野橋
開平小
京阪東口
京阪東口
大阪城ホール
天神橋
モンティモール
追手門学院大手前高・中
森ノ宮駅
大阪 Duck Tour P.127
天満橋駅
大手前病院
大阪城
高麗橋
ライフ
大手前
大手前大大阪大手前キャンパス
堺筋
阪神高速環状線
市道天神橋天王寺線
中央高
大阪和泉泉南線
大手前高
大阪城天守閣
谷口カレー
P.49
地下鉄谷町線
谷町筋
大阪府庁
府庁前
大阪城跡
大阪城公園
地下鉄堺筋線
本町
中大江小
国際がんセンター
東局
府警本部
中央署
馬場町
東署
東中
0
300m
N
森ノ宮駅
歴史博物館
堺筋本町駅
東船場Jct
谷町4
谷町四丁目駅
地下鉄中央線
中央区役所
日本橋駅
道頓堀出口
谷町六丁目駅
法円坂
法円坂
難波宮跡
森之宮
C
D
1
2
3
4
7

十三駅
中津駅
中津駅
済生会病院前
三栄ビル
ピアスタワー
ハートン
ヒナリオ
北野
北野
北署
阪急電鉄
阪急インターナショナル
ちゃやまち
ちゃやまちアプローズ
梅田芸術劇場メインホール
MBS毎日放送
済生会病院前
中津病院
病院前
宝塚大
ナチュレ
176
阪急京都線
阪急神戸線・宝塚線
アーバンテラス茶屋町
梅田ロフト
チャスカ茶屋町
マクドナルド
アルモニーアンブラッセ
ルネサンス大阪高
P.55 うつわcafeと手作り雑貨の店 ゆう
JR西日本本社
オーエックス梅田ビル
クリスタルミヤコ
新阪急アネックス
地下鉄御堂筋線
NU chayamachiプラス
網敷天神社御旅社
NU chayamachi
インターコンチネンタル
和光ビル
西善寺
ナレッジキャピタル
北阪急ビル
ウインズ
OSAKA-UMEDA
大阪梅田駅
ビッグエコー
北區
往附錄6
ZARA HOME P.97
GRAND FRONT大阪 P.96
商工中金
ファーストキッチン
UK・GATE
ギャザ阪急
芝田1
大阪工大梅田キャンパス
H-2
ヤンマー
阪急ターミナルビル
阪急三番街
阪急三番街
梅田オーパ
梅田ビル
赤白 阪急三番街店 P.35
1 POUND STEAK&HANBURG TAKERU 阪急三番街店 P.44
新阪急
3-4
P.104 Starbucks Coffee LINKS UMEDA 2階店
南館
LINKS UMEDA
ヨドバシ梅田
芝田
H-16
3-31
阪急17番街
3-9
P.39 松葉総本店
HEP FIVE
御堂筋北口
3-1
P.104 注染手ぬぐい にじゆら
P.28 PAPABUBBLE
P.97 BIRTHDAY BAR
P.96 LUCUA osaka
きじ P.33
阪急32番街
うめきたSHIP
P.132 OSAKA SKY VISTA
梅田
ノースゲートビルディング
梅田駅
UMEDA
6
阪急メンズ
阪急グランドビル
梅田(阪急)
LUCUA 1100
5-50
H-41
P.97 LOVERARY by FEILER
中川政七商店 LUCUA 1100店 P.105
阪急うめだ本店
J-2
J-4
P.51 bills 大阪
OSAKA 大阪駅
P.106 Delicius JR大阪店
大阪駅前
阪急東
H-51
富国生命ビル
御堂筋口
7-30
7-58
塚本駅
梅田ランプ東
大阪駅前
サウスゲートビルディング
阪神前
エキマルシェ
アルビ
de tout Painduce 大阪店 P.109
グランヴィア
大丸梅田店
大阪梅田駅
176
阪急前
H-58
曽根崎署
桜橋口
福島駅
D-13
淀屋橋駅
東梅田駅
1
2
3
4
A
B

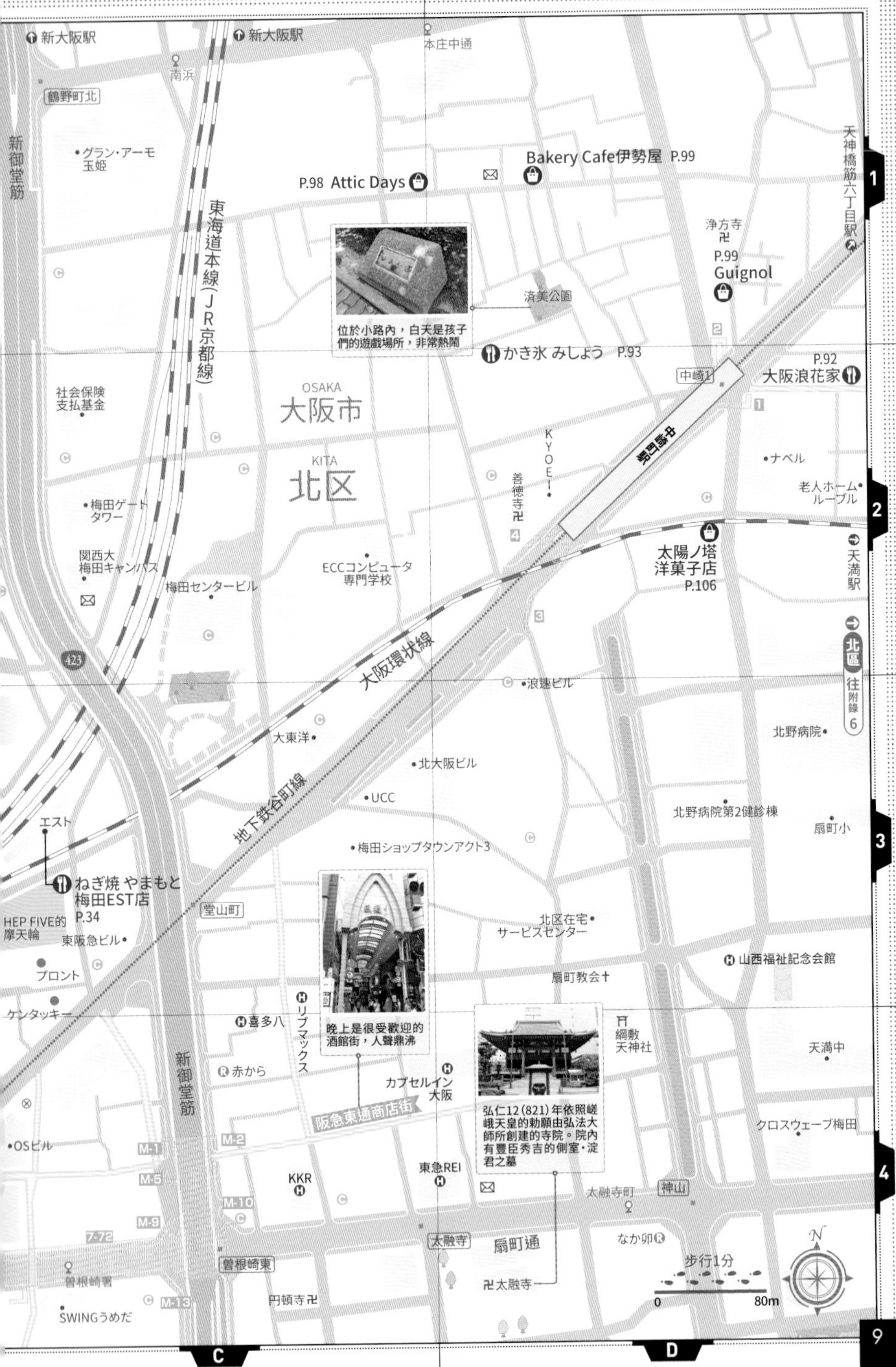
新大阪駅
新大阪駅
本庄中通
南浜
鶴野町北
新御堂筋
グラン・アーモ玉姫
東海道本線(JR京都線)
P.98 Attic Days
Bakery Cafe伊勢屋 P.99
天神橋筋六丁目駅
浄方寺
P.99
Guignol
済美公園
位於小路內，白天是孩子們的遊戲場所，非常熱鬧
かき氷 みしょう P.93
P.92
大阪浪花家
中崎1
OSAKA
大阪市
社会保険支払基金
中崎町駅
KYOEI
KITA
北区
ナベル
善徳寺
老人ホームルーブル
梅田ゲートタワー
太陽ノ塔洋菓子店
P.106
天満駅
関西大梅田キャンパス
ECCコンピュータ専門学校
梅田センタービル
北區
往附錄6
大阪環状線
浪速ビル
大東洋
北野病院
北大阪ビル
地下鉄谷町線
UCC
北野病院第2健診棟
扇町小
エスト
梅田ショップタウンアクト3
ねぎ焼 やまもと梅田EST店
P.34
堂山町
HEP FIVE的摩天輪
東阪急ビル
北区在宅サービスセンター
プロント
山西福祉記念会館
扇町教会
ケンタッキー
リブマックス
喜多八
晚上是很受歡迎的酒館街，人聲鼎沸
綱敷天神社
天満中
赤から
カプセルイン大阪
新御堂筋
阪急東通商店街
弘仁12(821)年依照嵯峨天皇的勅願由弘法大師所創建的寺院。院內有豊臣秀吉的側室・淀君之墓
クロスウェーブ梅田
OSビル
M-1
M-2
M-5
KKR
東急REI
神山
太融寺町
M-10
M-9
7-72
太融寺
扇町通
なか卯
曽根崎東
曽根崎署
步行1分
太融寺
円頓寺
M-13
0
80m
SWINGうめだ
N
1
2
3
4
C
D

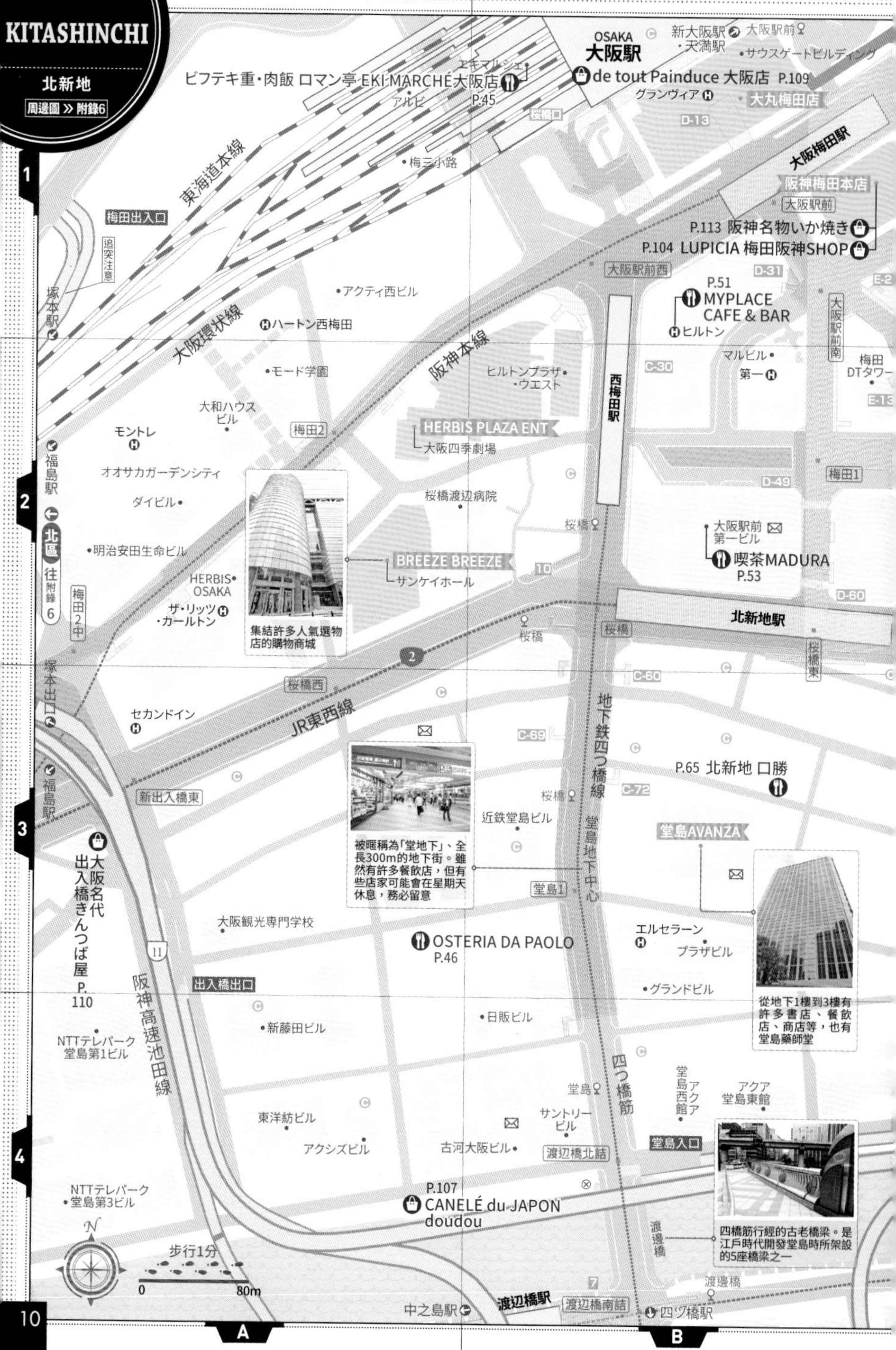
OSAKA
大阪駅
ビフテキ重・肉飯 ロマン亭 EKI MARCHÉ大阪店 P.45
de tout Painduce 大阪店 P.109
大丸梅田店
大阪梅田駅
阪神梅田本店
P.113 阪神名物いか焼き
P.104 LUPICIA 梅田阪神SHOP
P.51 MYPLACE CAFE & BAR
東海道本線
大阪環状線
阪神本線
西梅田駅
HERBIS PLAZA ENT
大阪四季劇場
BREEZE BREEZE
サンケイホール
集結許多人氣選物店的購物商城
大阪駅前第一ビル
喫茶MADURA P.53
北新地駅
JR東西線
地下鉄四つ橋線
堂島地下中心
被暱稱為「堂地下」、全長300m的地下街。雖然有許多餐飲店，但有些店家可能會在星期天休息，務必留意
P.65 北新地 口勝
堂島AVANZA
從地下1樓到3樓有許多書店、餐飲店、商店等，也有堂島藥師堂
OSTERIA DA PAOLO P.46
大阪名代 出入橋きんつば屋 P.110
阪神高速池田線
四つ橋筋
P.107 CANELÉ du JAPON doudou
四橋筋行經的古老橋梁。是江戶時代開發堂島時所架設的5座橋梁之一
渡辺橋駅
中之島駅
四ツ橋駅
福島駅
塚本駅
北區 往附錄6
歩行1分
0 80m

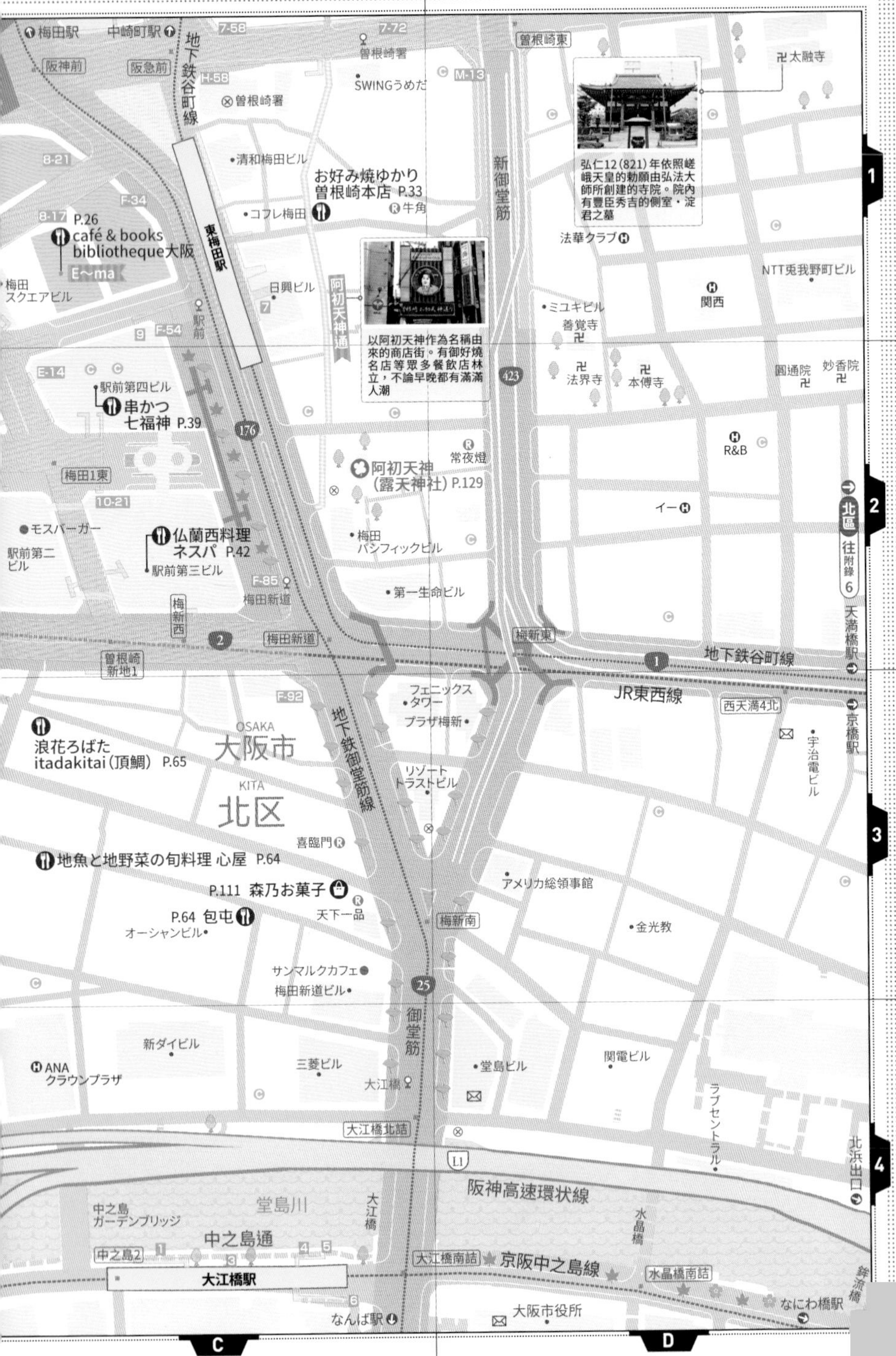
梅田駅
中崎町駅
阪神前
阪急前
地下鉄谷町線
曽根崎署
SWINGうめだ
曽根崎東
太融寺
新御堂筋
清和梅田ビル
お好み焼ゆかり
曽根崎本店 P.33
コフレ梅田
牛角
P.26
café & books
bibliotheque大阪
E~ma
東梅田駅
梅田
スクエアビル
日興ビル
阿初天神通
弘仁12（821）年依照嵯峨天皇的勅願由弘法大師所創建的寺院。院內有豐臣秀吉的側室・淀君之墓
法華クラブ
NTT兎我野町ビル
関西
ミユキビル
善覚寺
以阿初天神作為名稱由來的商店街。有御好燒名店等眾多餐飲店林立，不論早晚都有滿滿人潮
法界寺
本傳寺
圓通院
妙香院
駅前第四ビル
串かつ
七福神 P.39
常夜燈
R&B
阿初天神
（露天神社）P.129
梅田1東
イー
北區
往附錄6
モスバーガー
梅田
パシフィックビル
仏蘭西料理
ネスパ P.42
駅前第二ビル
駅前第三ビル
第一生命ビル
梅田新道
梅新西
天満橋駅
梅新東
曽根崎新地1
地下鉄谷町線
JR東西線
フェニックスタワー
プラザ梅新
西天満4北
京橋駅
地下鉄御堂筋線
宇治電ビル
浪花ろばた
itadakitai（頂鯛） P.65
OSAKA
大阪市
KITA
北区
リゾートトラストビル
喜臨門
地魚と地野菜の旬料理 心屋 P.64
アメリカ総領事館
P.111 森乃お菓子
P.64 包屯
天下一品
オーシャンビル
梅新南
金光教
サンマルクカフェ
梅田新道ビル
御堂筋
新ダイビル
ANA
クラウンプラザ
三菱ビル
大江橋
堂島ビル
関電ビル
ラブセントラル
大江橋北詰
北浜出口
阪神高速環状線
中之島
ガーデンブリッジ
堂島川
大江橋
水晶橋
中之島通
中之島2
大江橋南詰
京阪中之島線
水晶橋南詰
大江橋駅
鉾流橋
大阪市役所
なにわ橋駅
なんば駅
C
D
1
2
3
4

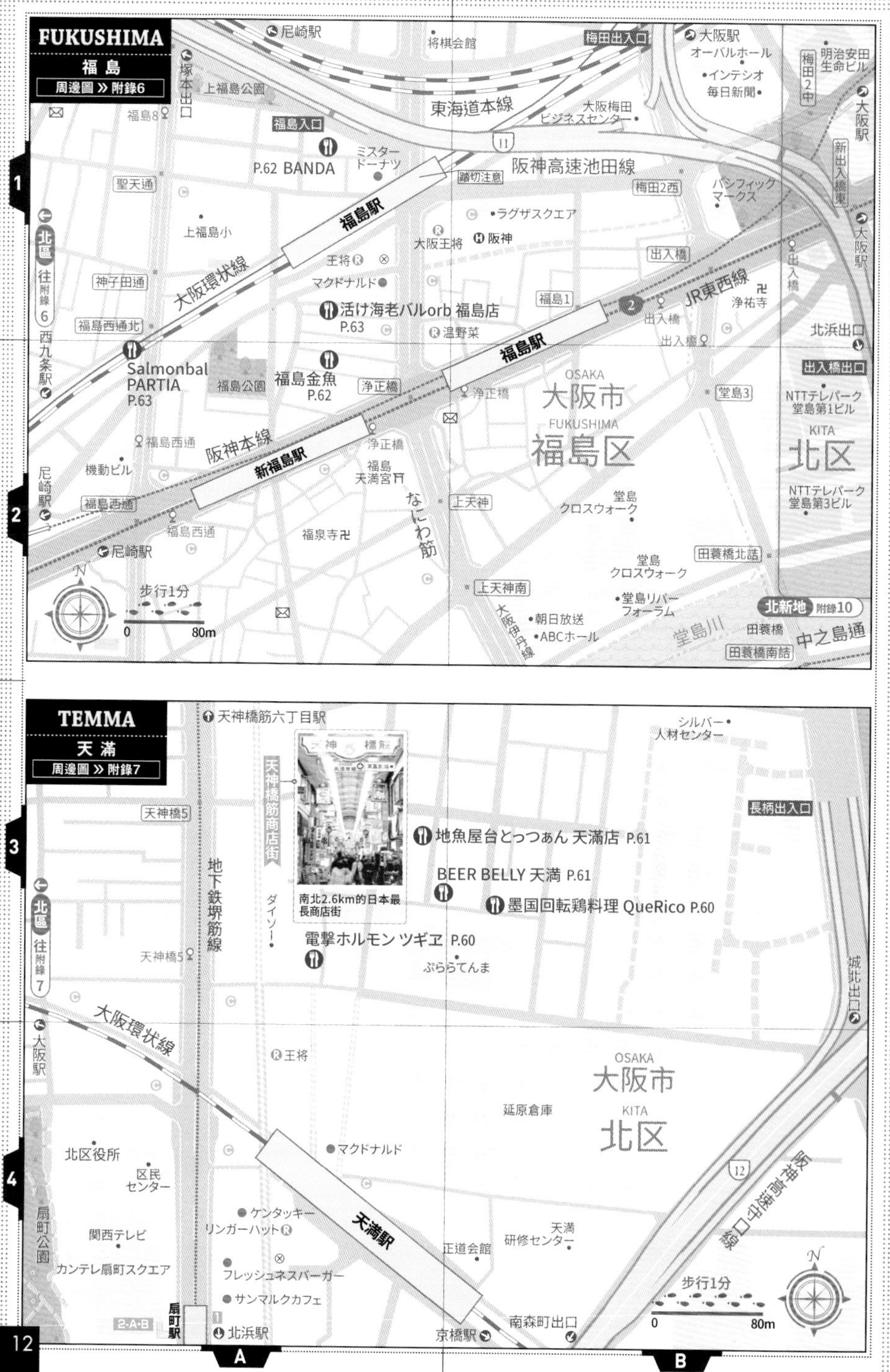
FUKUSHIMA
福島
周邊圖 » 附錄6
尼崎駅
将棋会館
梅田出入口
大阪駅
オーバルホール
明治安田生命ビル
梅田2中
インテシオ
毎日新聞
塚本出口
上福島公園
東海道本線
大阪梅田ビジネスセンター
大阪駅
福島8
福島入口
ミスタードーナツ
P.62 BANDA
踏切注意
阪神高速池田線
梅田2西
パシフィックマークス
新出入橋東
聖天通
福島駅
ラグザスクエア
上福島小
大阪王将
阪神
出入橋
大阪駅
北區 往附錄6
大阪環状線
王将
神子田通
マクドナルド
JR東西線
浄祐寺
福島1
出入橋
活け海老バルorb 福島店
P.63
福島西通北
温野菜
出入橋
西九条駅
北浜出口
福島駅
Salmonbal PARTIA
P.63
福島公園
福島金魚
P.62
浄正橋
出入橋出口
浄正橋
OSAKA
大阪市
堂島3
NTTテレパーク堂島第1ビル
FUKUSHIMA
福島区
KITA
北区
福島西通
阪神本線
浄正橋
機動ビル
新福島駅
福島天満宮
NTTテレパーク堂島第3ビル
尼崎駅
福島西通
なにわ筋
上天神
堂島クロスウォーク
福島西通
福泉寺
尼崎駅
堂島クロスウォーク
田蓑橋北詰
歩行1分
0
80m
上天神南
大阪伊丹線
朝日放送
ABCホール
堂島リバーフォーラム
北新地 附錄10
堂島川
田蓑橋
中之島通
田蓑橋南詰
TEMMA
天滿
周邊圖 » 附錄7
天神橋筋六丁目駅
シルバー人材センター
天神橋筋商店街
天神橋筋
南北2.6km的日本最長商店街
天神橋5
長柄出入口
地魚屋台とっつぁん 天満店 P.61
地下鉄堺筋線
BEER BELLY 天満 P.61
墨国回転鶏料理 QueRico P.60
北區 往附錄7
ダイソー
電撃ホルモン ツギヱ P.60
天神橋5
ぷららてんま
城北出口
大阪環状線
大阪駅
王将
OSAKA
大阪市
延原倉庫
KITA
北区
マクドナルド
北区役所
区民センター
阪神高速守口線
扇町公園
ケンタッキー
リンガーハット
関西テレビ
天満駅
天満研修センター
正道会館
カンテレ扇町スクエア
フレッシュネスバーガー
サンマルクカフェ
歩行1分
0
80m
2-A·B
扇町駅
北浜駅
京橋駅
南森町出口
A
B

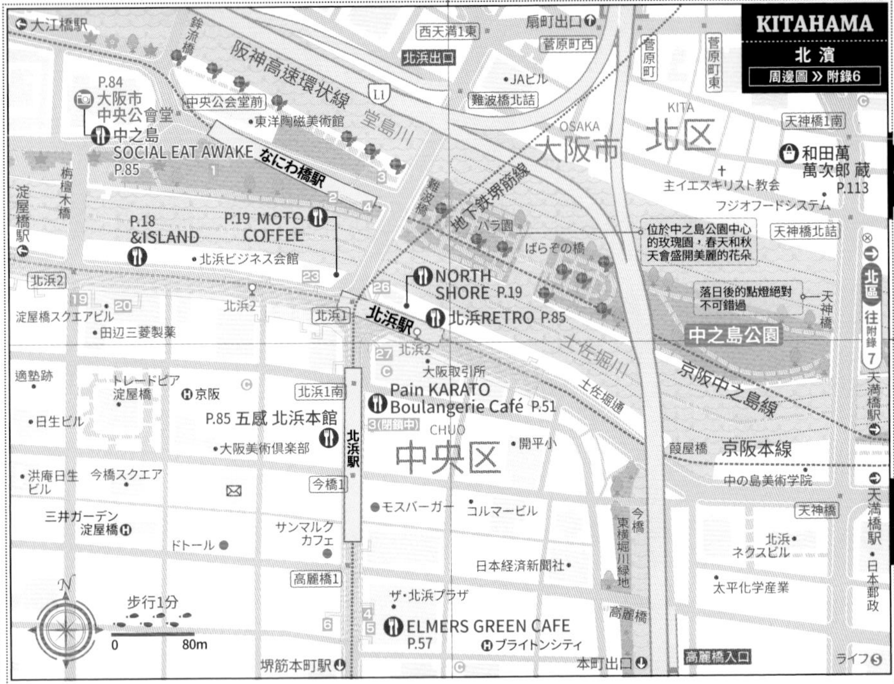
KITAHAMA
北濱
周邊圖 » 附錄6
大江橋駅
鉾流橋
阪神高速環状線
西天満1東
扇町出口
菅原町西
北浜出口
菅原町
菅原町東
JAビル
難波橋北詰
P.84
大阪市中央公會堂
中央公会堂前
東洋陶磁美術館
堂島川
中之島 SOCIAL EAT AWAKE P.85
なにわ橋駅
KITA
OSAKA
大阪市
北区
天神橋1南
和田萬 萬次郎 蔵 P.113
主イエスキリスト教会
フジオフードシステム
梅檀木橋
淀屋橋駅
P.18 &ISLAND
P.19 MOTO COFFEE
難波橋
地下鉄堺筋線
バラ園
ばらぞの橋
位於中之島公園中心的玫瑰園，春天和秋天會盛開美麗的花朵
天神橋北詰
北浜ビジネス会館
北浜2
NORTH SHORE P.19
落日後的點燈絕對不可錯過
天神橋
北區 往附錄7
北浜2
淀屋橋スクエアビル
田辺三菱製薬
北浜1
北浜駅
北浜RETRO P.85
中之島公園
北浜2
土佐堀川
適塾跡
トレードピア淀屋橋
京阪
大阪取引所
京阪中之島線
北浜1南
Pain KARATO Boulangerie Café P.51
土佐堀通
天満橋駅
日生ビル
P.85 五感 北浜本館
北浜駅
CHUO
大阪美術倶楽部
開平小
葭屋橋
京阪本線
洪庵日生ビル
今橋スクエア
今橋1
中央区
中の島美術学院
三井ガーデン淀屋橋
モスバーガー
コルマービル
今橋
天神橋
天満橋駅
東横堀川緑地
サンマルクカフェ
北浜ネクスビル
ドトール
日本経済新聞社
日本郵政
高麗橋1
太平化学産業
歩行1分
ザ・北浜プラザ
高麗橋
0
80m
ELMERS GREEN CAFE P.57
ブライトンシティ
堺筋本町駅
本町出口
高麗橋入口
ライフ

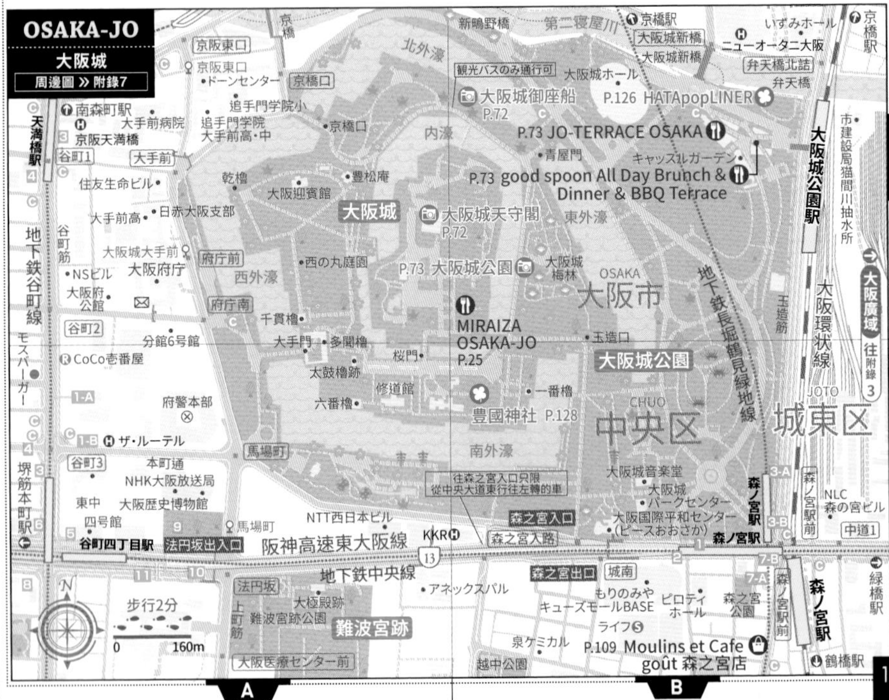
OSAKA-JO
大阪城
周邊圖 » 附錄7
京橋
新鴫野橋
第二寝屋川
京橋駅
いずみホール
京橋駅
京阪東口
北外濠
大阪城新橋
ニューオータニ大阪
京阪東口
ドーンセンター
京橋口
観光バスのみ通行可
大阪城ホール
弁天橋北詰
弁天橋
南森町駅
追手門学院小
大阪城御座船 P.72
P.126 HATApopLINER
天満橋駅
大手前病院
京阪天満橋
追手門学院大手前高・中
京橋口
内濠
P.73 JO-TERRACE OSAKA
大阪城公園駅
市建設局猫間川抽水所
谷町1
大手前
青屋門
キャッスルガーデン
乾櫓
豊松庵
P.73 good spoon All Day Brunch & Dinner & BBQ Terrace
住友生命ビル
大阪迎賓館
大阪城
大手前高
日赤大阪支部
大阪城天守閣 P.72
東外濠
地下鉄谷町線
谷町筋
大阪城大手前
府庁前
西の丸庭園
大阪城梅林
大阪廣域 往附錄3
NSビル
大阪府庁
西外濠
P.73 大阪城公園
OSAKA
大阪府公館
大阪市
地下鉄長堀鶴見緑地線
玉造筋
大阪環状線
府庁南
谷町2
千貫櫓
MIRAIZA OSAKA-JO P.25
分館6号館
大手門
多聞櫓
玉造口
モスバーガー
CoCo壱番屋
桜門
大阪城公園
太鼓櫓跡
修道館
JOTO
一番櫓
府警本部
六番櫓
CHUO
豊國神社 P.128
城東区
ザ・ルーテル
中央区
南外濠
馬場町
谷町3
本町通
大阪城音楽堂
NHK大阪放送局
往森之宮入口只限從中央大道東行往左轉的車
大阪城パークセンター
森ノ宮駅
森ノ宮駅前
NLC森の宮ビル
東中
大阪歴史博物館
NTT西日本ビル
四号館
大阪国際平和センター（ピースおおさか）
中道1
森之宮入口
堺筋本町駅
馬場町
KKR
森之宮入路
森ノ宮駅
谷町四丁目駅
法円坂出入口
阪神高速東大阪線
13
地下鉄中央線
森之宮出口
城南
森ノ宮駅前
森ノ宮駅
緑橋駅
法円坂
アネックスパル
大極殿跡
もりのみや キューズモールBASE
ピロティホール
森之宮公園
上町筋
難波宮跡公園
歩行2分
難波宮跡
ライフ
0
160m
泉ケミカル
P.109 Moulins et Cafe goût 森之宮店
大阪医療センター前
越中公園
鶴橋駅
A
B

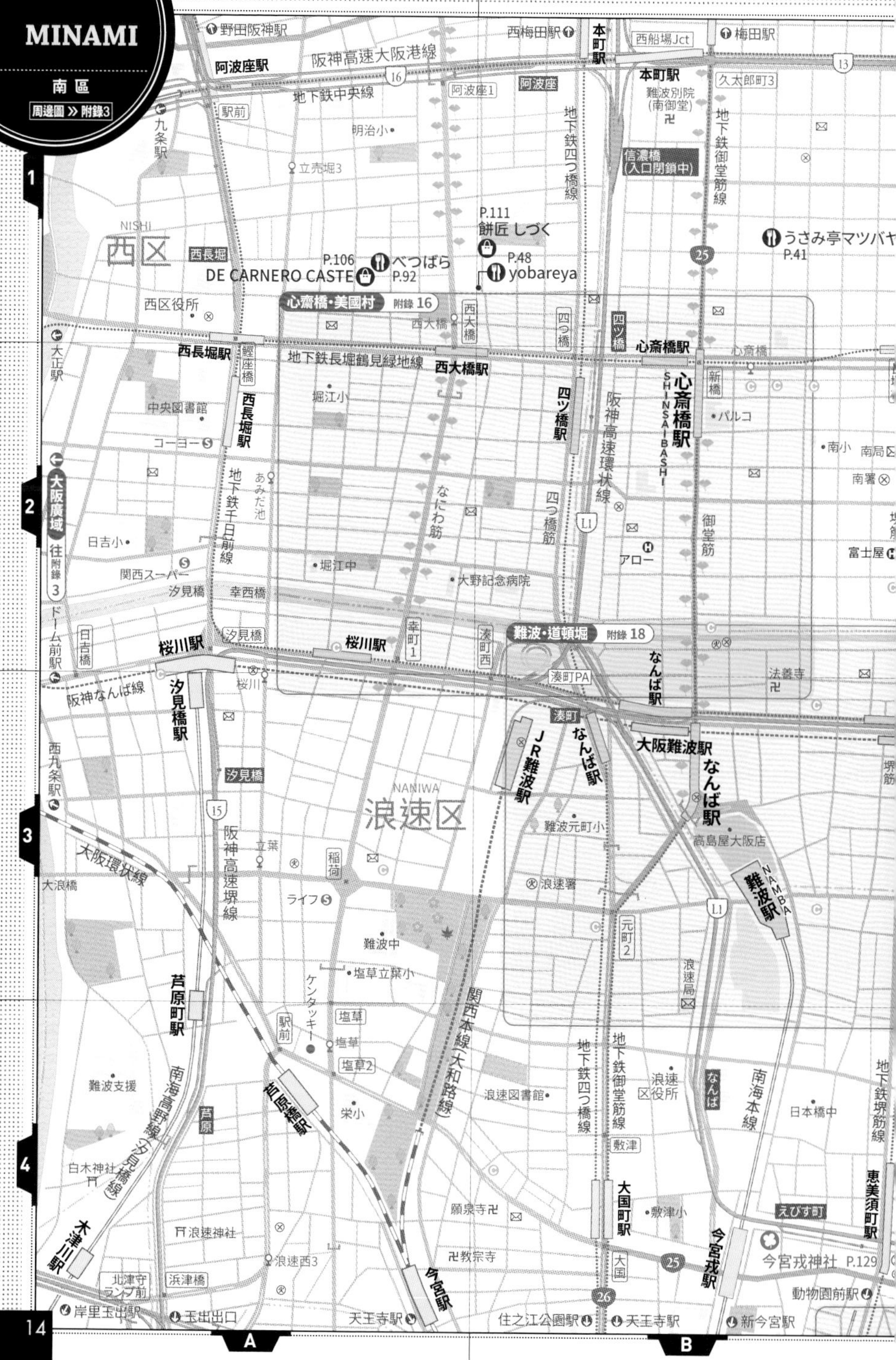
西区
浪速区
阿波座駅
本町駅
西長堀駅
西大橋駅
心斎橋駅
四ツ橋駅
桜川駅
汐見橋駅
大阪難波駅
なんば駅
JR難波駅
難波駅
芦原町駅
芦原橋駅
今宮駅
大国町駅
今宮戎駅
恵美須町駅
木津川駅
阪神高速大阪港線
地下鉄中央線
地下鉄長堀鶴見緑地線
阪神なんば線
大阪環状線
関西本線(大和路線)
南海本線
南海高野線(汐見橋線)
地下鉄四つ橋線
地下鉄御堂筋線
地下鉄千日前線
地下鉄堺筋線
阪神高速環状線
阪神高速堺線
心齋橋・美國村 附錄 16
難波・道頓堀 附錄 18
P.111 餅匠 しづく
P.48 yobareya
P.106 べつばら
DE CARNERO CASTE P.92
うさみ亭マツバヤ P.41
今宮戎神社 P.129
大阪廣域 往附錄3
信濃橋(入口閉鎖中)
難波別院(南御堂)
高島屋大阪店
パルコ
浪速区役所
浪速図書館
大野記念病院
中央図書館
西区役所
白木神社
浪速神社
願泉寺
教宗寺
法善寺
ライフ
関西スーパー
コーヨー
アロー
富士屋
ケンタッキー
野田阪神駅
西梅田駅
梅田駅
九条駅
大正駅
ドーム前駅
西九条駅
岸里玉出駅
玉出出口
天王寺駅
住之江公園駅
新今宮駅
動物園前駅
西船場Jct
湊町PA

北浜駅
堺筋本町駅
中央区役所
阪神高速東大阪線
東船場Jct
天満橋駅
歴史博物館
大阪城公園
森之宮
大阪国際平和センター（ピースおおさか）
谷町四丁目駅
地下鉄中央線
KKR
谷町4
法円坂
法円坂
難波宮跡
往森之宮入口只限從中央大道東行往左轉的車
森ノ宮駅
南大江小
大阪医療センター
難波宮跡
P.49 創作カレーツキノワ
大阪城 附錄 13
P.50
ASAKARA GOOD STORE
地下鉄堺筋線
長堀
松屋町筋
念做「Macchamachisuji」。道路兩側都是玩具和復古零食的批發商店。也有很多全國知名的人偶店
医療センター
玉造小
城星学園高・中・小
CHUO
中央区
大阪女学院大・短大・高・中
飛鳥與奈良時代2個時期的宮殿遺跡，被指定為國家史跡
松屋町駅
地下鉄長堀鶴見緑地線
長堀橋駅
長堀通
谷町6
谷町六丁目駅
上本町1
上本町1
清水谷高前
玉造駅
308
松屋町
長堀橋
清水谷高
空堀町
南中
阪神高速環状線
P.26 FRUIT GARDEN 山口果物上本町本店
京橋駅
島之内 JIMARU釀造所 P.66
P.124 エモジ
地下鉄谷町線
谷町7
上町筋
P.128 三光神社
kotikaze P.93
明星高・中
興徳寺
真田山小
上町中
大阪廣域 往附錄 3
OSAKA
大阪府
道頓堀
中央小
P.111 一吉
高津中
餌差町
OSAKA
大阪市
谷町筋
高津高
L1
玉造筋
道頓堀川
TENNOJI
天王寺区
京橋駅
日本橋駅
谷町九丁目駅
谷町9
下寺町
高津
谷町九丁目駅
味原小
P.94 鶴橋商店街
駅前
鶴橋駅
上本町6
地下鉄千日前線
鶴橋駅
近鉄日本橋駅
下寺町
谷町9
上本町HiHiTown
近鉄
大阪上本町駅
赤十字病院
近鉄大阪線
鶴橋駅
高津小
生國魂神社
生國魂神社
神社
駅
病院
被暱稱為「いくたまさん」的大阪最古老神社
清風高・中
大阪環状線
細工谷
高島屋別館
略顯復古的氛圍非常受歡迎的上本町HiHiTown
上宮高・中
国際交流センター
生野聴覚支援
桃陽小
大阪夕陽丘学園短大・高
夕陽丘中
四天王寺前夕陽ヶ丘駅
天王寺署
方代
天王寺局
五条小
夕陽丘高
警察病院
夕陽丘
神戸医療福祉大
駅前
桃谷駅
天王寺区役所
愛染堂（勝鬘院）
天王寺署
第二警察病院
大阪ビジネスフロンティア高
L1
大江小
大阪星光学院高・中
プール学院高・中
聖德太子於推古天皇元（593）年建立，歷史超過1400年的日本佛法最初的官寺
四天王寺高・中
四天王寺
0 300m
N
天王寺出口
天王寺駅
新世界・天王寺 附錄 20
天王寺駅
1
2
3
4
C
D

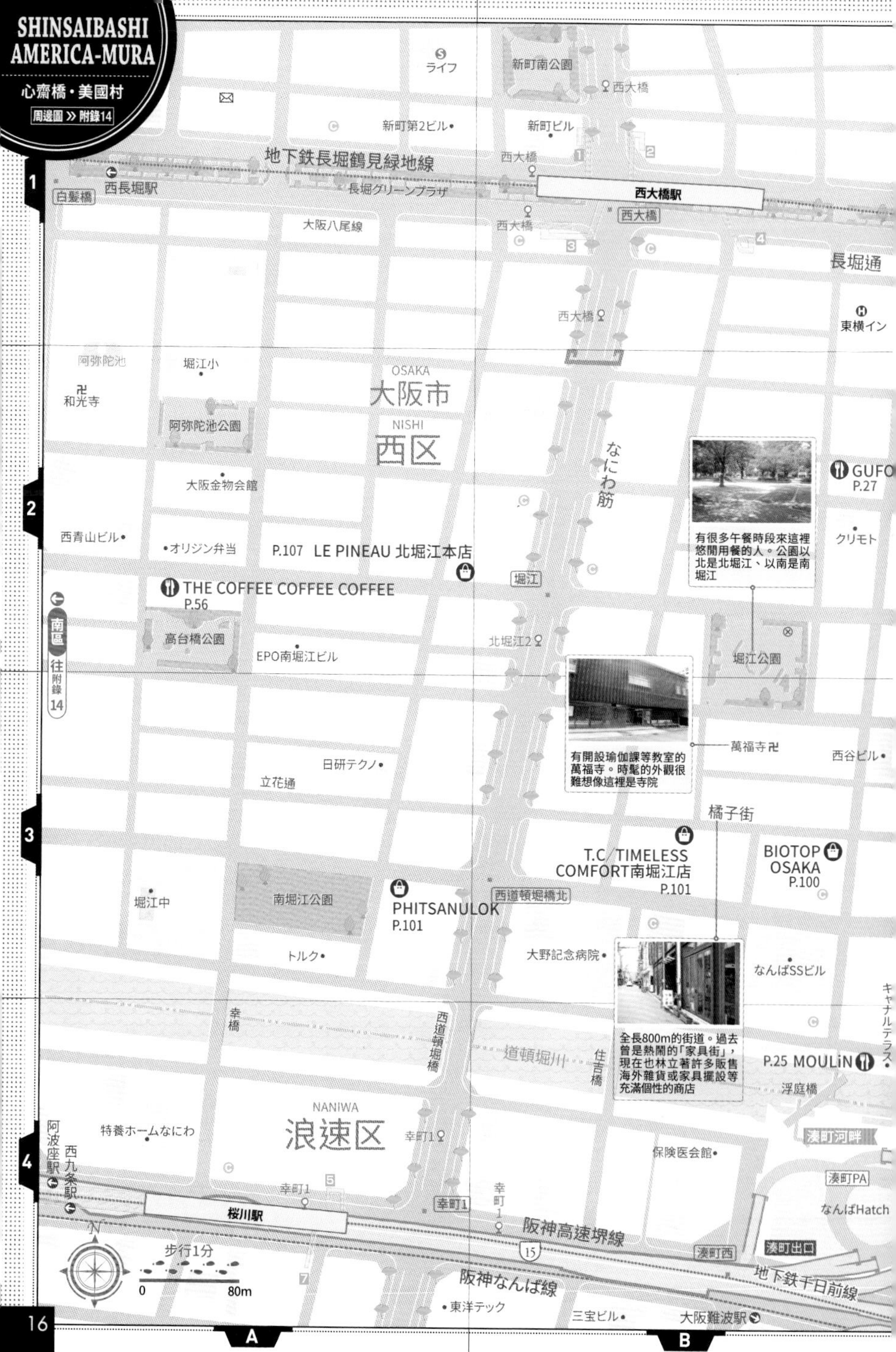
SHINSAIBASHI
AMERICA-MURA
心齋橋・美國村
周邊圖 » 附錄14
ライフ
新町南公園
西大橋
新町第2ビル
新町ビル
西大橋
地下鉄長堀鶴見緑地線
西長堀駅
白髪橋
長堀グリーンプラザ
西大橋駅
西大橋
大阪八尾線
西大橋
長堀通
西大橋
東横イン
阿弥陀池
堀江小
和光寺
OSAKA
大阪市
NISHI
西区
阿弥陀池公園
なにわ筋
GUFO
P.27
有很多午餐時段來這裡悠閒用餐的人。公園以北是北堀江、以南是南堀江
大阪金物会館
西青山ビル
オリジン弁当
P.107 LE PINEAU 北堀江本店
クリモト
THE COFFEE COFFEE COFFEE
P.56
堀江
南區
往附錄14
高台橋公園
EPO南堀江ビル
北堀江2
堀江公園
有開設瑜伽課等教室的萬福寺。時髦的外觀很難想像這裡是寺院
萬福寺
西谷ビル
日研テクノ
立花通
橘子街
T.C/TIMELESS
COMFORT南堀江店
P.101
BIOTOP
OSAKA
P.100
堀江中
南堀江公園
PHITSANULOK
P.101
西道頓堀橋北
トルク
大野記念病院
なんばSSビル
全長800m的街道。過去曾是熱鬧的「家具街」，現在也林立著許多販售海外雜貨或家具擺設等充滿個性的商店
幸橋
西道頓堀橋
道頓堀川
住吉橋
P.25 MOULiN
浮庭橋
キャナルテラス
NANIWA
浪速区
特養ホームなにわ
幸町1
湊町河畔
保険医会館
阿波座駅
西九条駅
幸町1
幸町1
幸町1
湊町PA
桜川駅
なんばHatch
阪神高速堺線
湊町西
湊町出口
歩行1分
0
80m
阪神なんば線
地下鉄千日前線
東洋テック
三宝ビル
大阪難波駅
1
2
3
4
A
B

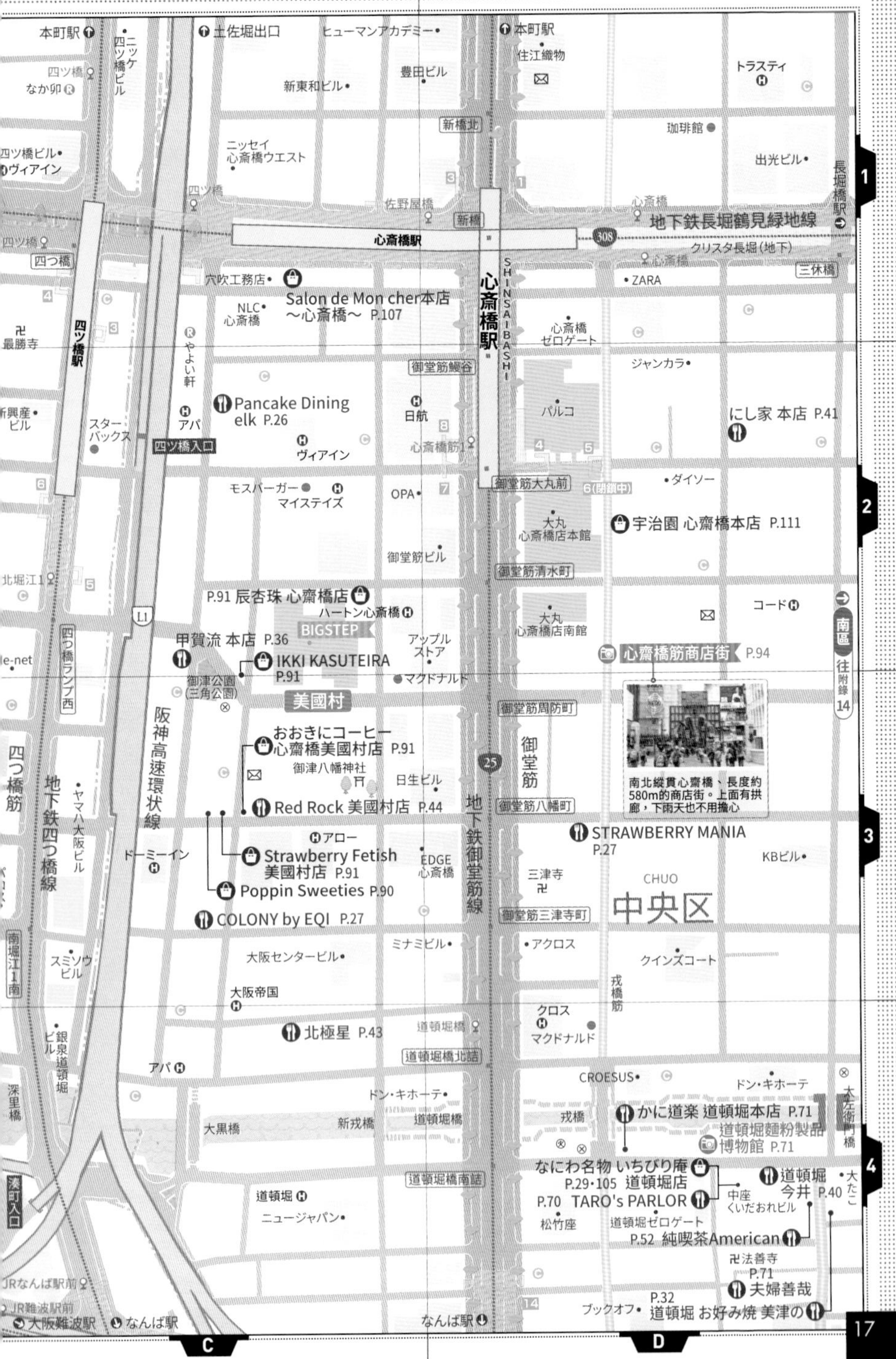
心斎橋駅
地下鉄長堀鶴見緑地線
地下鉄御堂筋線
地下鉄四つ橋線
四ツ橋駅
阪神高速環状線
Salon de Mon cher本店 ～心斎橋～ P.107
Pancake Dining elk P.26
P.91 辰杏珠 心斎橋店
甲賀流 本店 P.36
IKKI KASUTEIRA P.91
美國村
おおきにコーヒー 心齋橋美國村店 P.91
Red Rock 美國村店 P.44
Strawberry Fetish 美國村店 P.91
Poppin Sweeties P.90
COLONY by EQI P.27
北極星 P.43
にし家 本店 P.41
宇治園 心齋橋本店 P.111
心齋橋筋商店街 P.94
南北縱貫心齋橋、長度約580m的商店街。上面有拱廊，下雨天也不用擔心
STRAWBERRY MANIA P.27
中央区
CHUO
かに道楽 道頓堀本店 P.71
道頓堀麵粉製品博物館 P.71
なにわ名物 いちびり庵 P.29・105 道頓堀店
P.70 TARO's PARLOR
道頓堀 今井 P.40
P.52 純喫茶American
P.71 夫婦善哉
P.32 道頓堀 お好み焼 美津の
パルコ
大丸 心斎橋店本館
大丸 心斎橋店南館
御堂筋
戎橋筋
道頓堀橋
大黒橋
新戎橋
戎橋
法善寺
三津寺
御津八幡神社
なんば駅
大阪難波駅
本町駅
南區 往附錄14
C
D
1
2
3
4

本町駅
信濃橋出口
大阪帝国
心斎橋駅
クロス
マクドナルド
銀泉道頓堀ビル
P.43 北極星
道頓堀橋
MOULiN P.25
キャナルテラス
アパ
浮庭橋
道頓堀橋北詰
CROESUS
ドン・キホーテ
深里橋
かに道楽 P.71 道頓堀本店
湊町リバープレイス
大黒橋
新戎橋
道頓堀橋
戎橋
湊町入口
中座くいだおれ
湊町PA
なんばHatch
L1
阪神高速環状線
道頓堀
道頓堀橋南詰
P.71 道頓堀麺粉製品博物館
ニュージャパン
御堂筋
25
松竹座
道頓堀ゼロゲート
阿波座駅
なにわ名物 いちびり庵 P.29・105 道頓堀店
TARO's PARLOR P.70
JRなんば駅前
戎橋筋
JR難波駅前
14
ブックオフ
P.122 上方浮世繪館
地下鉄千日前線
西九条駅
阪神なんば線
エキモ
賑橋
P.71 夫婦善哉
大阪難波駅
湊町南
大阪シティエアターミナルビル(OCAT)
高速巴士總站
ヨネヤ 難波ミナミ店 P.39
戎橋
難波
温野菜
タリーズ
19 東亜ビル
近鉄難波ビル
マクドナルド
マルイト難波ビル
JR難波駅
関西本線(大和路線)
モントレ
なんば駅
マクドナルド
551 蓬莱 本店 P.113
代々木ゼミナール
NAMBA
なんば駅
自由軒 P.42
KHAOSAN WORLD
13
難波3丁目
11
大寅 難波戎橋筋本店 P.113
有超市和家具百貨量販店，購物很方便
12
グラムール美容専門学校
センタービル
難波御堂筋
なんばマルイ
今宮駅
なんば
難波サンケイビル
大原専門学校
31
7
9
元町中公園
ルネッサ難波ビル
難波元町小
難波西口
ナンバプラザビル
高島屋大阪店
四つ橋筋
神宗 高島屋大阪店 P.113
コーヨー
5
鉄眼寺
南海野村ビル
南區
往附線14
難波中1
L1
光照寺
地下鉄四つ橋線
地下鉄御堂筋線
阪神高速環状線
スイスホテル南海大阪
なんばシティ
CoCo壱番屋
浪速署
超願寺
大昌ビル
フレイザー
NANKAI NAMBA 南海難波駅
難波中
元町2
ウインズ難波
朝日生命ナンバビル
エディオンアリーナ大阪
王将
25
金光教
難波中南
パークスタワー
難波八阪神社 P.129
NAMBA PARKS
N
歩行1分
0
80m
東横イン
エール学園
トイザらス
浪速スポーツセンター
スターバックス
大国町駅
天王寺駅
1
2
3
4
A
B

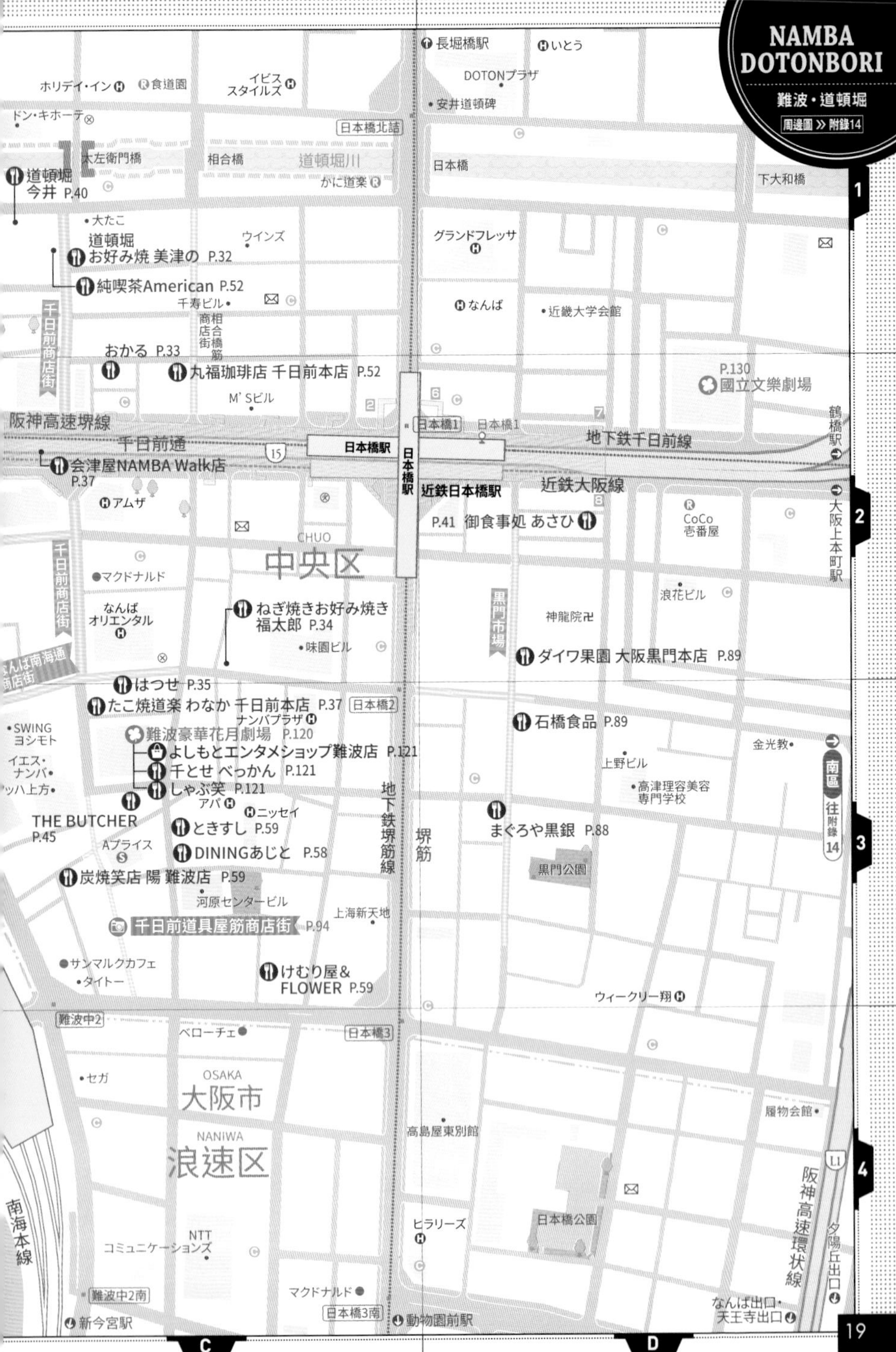
長堀橋駅
いとう
ホリデイ・イン
食道園
イビス スタイルズ
DOTONプラザ
安井道頓碑
ドン・キホーテ
日本橋北詰
太左衛門橋
相合橋
道頓堀川
日本橋
下大和橋
道頓堀 今井 P.40
かに道楽
大たこ
ウインズ
グランドフレッサ
道頓堀 お好み焼 美津の P.32
純喫茶American P.52
千寿ビル
商店街 相合橋筋
なんば
近畿大学会館
千日前商店街
おかる P.33
丸福珈琲店 千日前本店 P.52
P.130
國立文樂劇場
M'Sビル
阪神高速堺線
日本橋1
千日前通
日本橋駅
地下鉄千日前線
鶴橋駅
会津屋NAMBA Walk店 P.37
日本橋駅
近鉄日本橋駅
近鉄大阪線
大阪上本町駅
アムザ
P.41 御食事処 あさひ
CoCo 壱番屋
CHUO
中央区
マクドナルド
黒門市場
浪花ビル
ねぎ焼きお好み焼き 福太郎 P.34
なんば オリエンタル
神龍院
味園ビル
なんば南海通商店街
ダイワ果園 大阪黒門本店 P.89
はつせ P.35
たこ焼道楽 わなか 千日前本店 P.37
日本橋2
ナンバプラザ
石橋食品 P.89
SWING ヨシモト
難波豪華花月劇場 P.120
金光教
よしもとエンタメショップ難波店 P.121
イエス・ナンバ
千とせ べっかん P.121
上野ビル
南區 往附錄14
しゃぶ笑 P.121
高津理容美容専門学校
アパ
ニッセイ
THE BUTCHER P.45
ときすし P.59
地下鉄堺筋線
堺筋
まぐろや黒銀 P.88
Aプライス
DININGあじと P.58
炭焼笑店 陽 難波店 P.59
黒門公園
河原センタービル
上海新天地
千日前道具屋筋商店街 P.94
サンマルクカフェ
タイトー
けむり屋& FLOWER P.59
ウィークリー翔
難波中2
ベローチェ
日本橋3
セガ
OSAKA
大阪市
履物会館
高島屋東別館
NANIWA
浪速区
阪神高速環状線
南海本線
ヒラリーズ
日本橋公園
NTT コミュニケーションズ
夕陽丘出口
マクドナルド
なんば出口・天王寺出口
難波中2南
日本橋3南
新今宮駅
動物園前駅

SHINSEKAI
TENNOJI
新世界・天王寺
周邊圖 » 附錄3
1
2
3
4
A
B
20
なんば出口
えびす
公園北口
25
料亭天王殿
西蓮院
日想殿
一心寺
因文治元(1185)年法然上人於此地進行日想觀的念佛修行而建的寺院
通天閣 P.76
通天閣下的王將碑。是為了讚頌將棋名人坂田三吉的功績而興建的
アフリカサバンナ
阪堺電軌阪堺線
地下鉄堺筋線
NANIWA
浪速区
元祖串かつ だるま
P.38 新世界総本店
鶴亀家
東横イン
朝日
新世界かんかん
P.37
狹窄的拱廊街裡林立著洋溢古早氛圍店家的復古商店街。有炸串名店、大眾食堂、立飲小酒館、將棋俱樂部等，整條路熙熙攘攘、熱鬧非凡
動物公園事務所
河底池
天王寺動物園 P.83
新世界ゲート
天王寺公園
天下茶屋駅
14
阪神高速松原線
鏘鏘横丁
P.123 大阪市立美術館
コアラ館
天王寺公園 P.82
MEGA
ドン・キホーテ
Spa World
世界大温泉
P.38 八重勝
恵美須東3南
新今宮駅
千成屋珈琲
P.53
南門
動物園前駅
天王寺出口
P.83 産直市場 よってって
P.82 TEN-SHIBA
キャプテン翼スタジアム
なんば駅
動物園前
山王
みかど
中央オアシス
大阪廣域 往附錄3
阿倍野入口
東横イン&ホスピタルイン
大阪環状線
関西本線(大和路線)
地下鉄御堂筋線
豊光園
サンビル
竹澤ビル
市立大病院前
NISHINARI
西成区
光陽支援分教室
あべのメディックス
あべのルシアス
大阪公立大附属病院
智祟院別院
オーエス劇場
大阪公立大阿倍野キャンパス
ABENO
阿倍野区
步行1分
0
80m
あべのアスト
阿倍野旭公園
ヤマト運輸東館
イトーヨーカドー
ケンタッキー
駒川出口

逢坂
一心寺前
谷町九丁目駅
四天王寺前
西大門(極楽門)
四天王寺
五重塔
聖霊院
中門
南鐘堂
唐門
南大門
トンナ佛宝堂
天王寺西門前
スイデン
四天王寺南
聖德太子於推古天皇元(593)年建立，歷史超過1400年的日本佛法最初的官寺
天王寺南門前
天王寺西門前
25
市営勝山住宅
勝山住宅
遍照寺
樹木繁生的茶臼山山頂附近。標高26m，是「大阪五低山」之一
茶臼山
地下鉄谷町線
架設於河底地的和氣橋。據說是源自於和氣清麻呂
和氣橋
光円寺
大道2
超願寺
大阪社会体育専門学校
脈戒寺
大道2
北河堀
大阪法律専門学校
谷町筋
統国寺
佛足寺
紹隆寺
庚申堂公園
四天王寺庚申堂
純日本風的林泉式迴遊庭園。約20分鐘就能環繞1周的園內充滿深邃綠意
王将
在曆法為庚申之日時，民眾會來庚申堂進行參拜，以祈願除厄或無病消災
天王寺中
慶澤園
大阪廣域 往附錄3
OSAKA
大阪市
南河堀町
P.83 AOI NAPOLI IN THE PARK
P.25 SPOONBILL
びっくりドンキー
TENNOJI
天王寺区
施行院
カオサンワールド
天王寺駅前交番東
南河堀
南河堀町
天王寺駅
マクドナルド
あべの橋
YMCA
天王寺駅前
北口
天王寺バイパス
ヴィアイン
ドン・キホーテ
アパ
天王寺ミオプラザ館
TENNOJI
天王寺駅
府医師会看護専門学校
近鉄前
あべの橋西
南口
天王寺MIO
阪和線
長居駅
アベノセンタービル
アポロビル
トラスティ
あべのnini
あべの橋
東口
大阪環状線
HARUKAS 300 P.80
阿倍野海闊天空美術館 P.81・123
近鐵百貨海闊天空總店 P.81
阿倍野海闊天空大廈 P.80
天王寺駅
京橋駅
Grill ruyoshi P.43
天王寺駅前
天王寺都ホテル
新宿ごちそうビル
関西本線
地下鉄御堂筋線
近鉄南
モスバーガー
マリオット都
岸本ビル
阿部野口
天王寺都
OSAKAABENOBASHI
大阪阿部野橋駅
八尾駅
あべのキューズタウン
あべの橋
鉄道病院
阪堺電軌上町線
Hoop
大阪鉄道病院
近鉄南大阪線
長居駅
ミスタードーナツ
住吉駅
平野駅
やまちゃん2号店 P.37
藤井寺駅
C
D
1
2
3
4

大阪車站城MAP

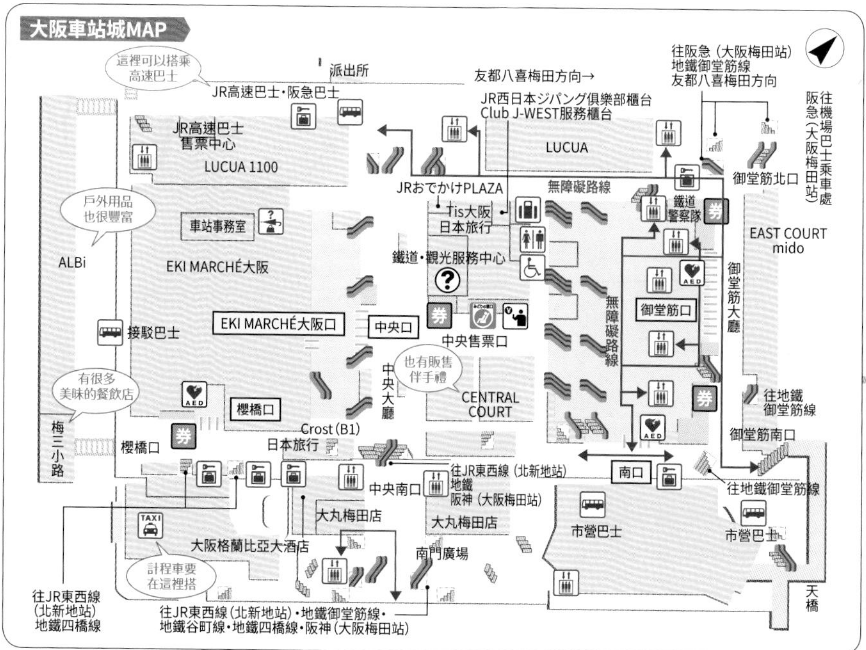

這裡可以搭乘高速巴士
派出所
JR高速巴士·阪急巴士
友都八喜梅田方向→
往阪急（大阪梅田站）
地鐵御堂筋線
友都八喜梅田方向
往機場巴士乘車處 阪急（大阪梅田站）
JR西日本ジパング倶樂部櫃台
Club J-WEST服務櫃台
JR高速巴士售票中心
LUCUA 1100
LUCUA
JRおでかけPLAZA
無障礙路線
御堂筋北口
戶外用品也很豐富
車站事務室
Tis大阪日本旅行
鐵道警察隊
EAST COURT mido
ALBi
EKI MARCHÉ大阪
鐵道·觀光服務中心
御堂筋大廳
無障礙路線
御堂筋口
接駁巴士
EKI MARCHÉ大阪口
中央口
中央售票口
也有販售伴手禮
中央大廳
有很多美味的餐飲店
CENTRAL COURT
往地鐵御堂筋線
櫻橋口
Crost (B1)
御堂筋南口
梅三小路
櫻橋口
日本旅行
往JR東西線（北新地站）
地鐵
阪神（大阪梅田站）
南口
中央南口
往地鐵御堂筋線
大丸梅田店
大丸梅田店
市營巴士
市營巴士
大阪格蘭比亞大酒店
南門廣場
計程車要在這裡搭
天橋
往JR東西線（北新地站）
地鐵四橋線
往JR東西線（北新地站）·地鐵御堂筋線·
地鐵谷町線·地鐵四橋線·阪神（大阪梅田站）

(地下街導覽)

A Whity梅田

呈放射狀連結到地鐵梅田 · 東梅田站、阪急三番街，被稱為「梅地下」的巨大地下街。有許多餐飲和商品等供應一般民眾需求的店家。

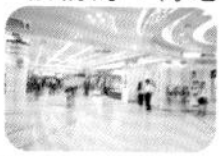

10:00～21:00（餐飲店～22:00）

B DIAMOR大阪

以成衣和雜貨為中心的流行地下街。從地鐵阪神梅田站連結到JR北新地站， 也有街接大阪站前第1～4大樓。

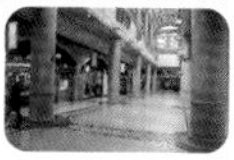

10:00～21:00（餐飲店～22:00）

C 阪急三番街

阪急梅田站的車站大樓。分為北館與南館，在地下2樓與地上1樓互相連結。地下2樓有許多餐飲店林立。

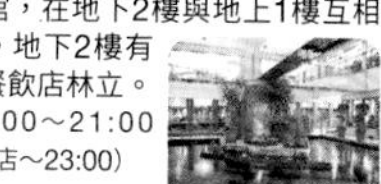

10:00～21:00（餐飲店～23:00）

D 堂島地下中心

從地鐵西梅田站、JR北新地站開始，在四橋筋的地下往南延伸。離辦公區很近，能看到許多上班族和OL的身影。

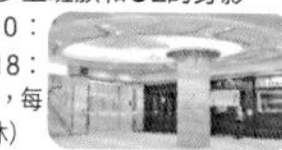

10:00～20：00（週六為～18：00，視店鋪而異，每月第3個週日公休）

(便利的會面場所)

E DIAMOR圓形廣場

幾乎是位於JR大阪站、北新地站、地鐵東梅田站、西梅田站的中心。呈圓頂狀的圓形廣場。

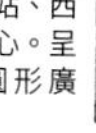

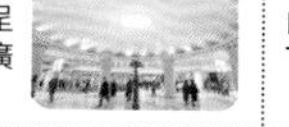

F Whity梅田噴泉廣場

在地下街「Whity梅田」的東側商場最邊邊。有新的象徵物「Water Tree」登場。

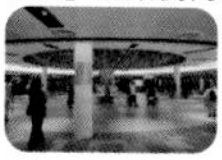

G 梅田BIGMAN前

位於連接阪急梅田站2樓驗票閘門的1樓廣場。在播放影片和音樂的200吋大螢幕前總是人潮眾多。

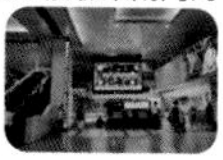

H 友都八喜前

阪急梅田站、地鐵御堂筋線梅田站步行即達。B1有咖啡廳，距離GRAND FRONT大阪也很近。

記號範例
會面場所（地上）
會面場所（地下）
改札 驗票閘門
電梯
電扶梯
電動步道
樓梯
D-1 出入口編號
地下街 地下街名
地下建築物
要前往HERBIS PLAZA ENT、BREEZE BREEZE，從這邊會比較方便
ALBi(高架下)
梅三小路(高架下)
JR大阪環狀線
オーサカガーデンシティ
モントレ
梅田ダイビル
大阪中央病院
ハービスプラザ
明治安田生命ビル
HERBIS OSAKA
毎日新聞
ザ・リッツカールトン
ハービスホール
サンケイホール
JR東西線
6-2(高速高架下)

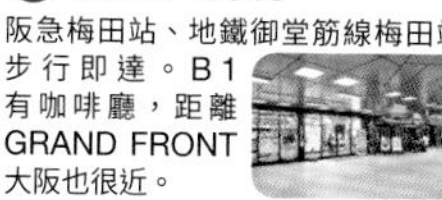

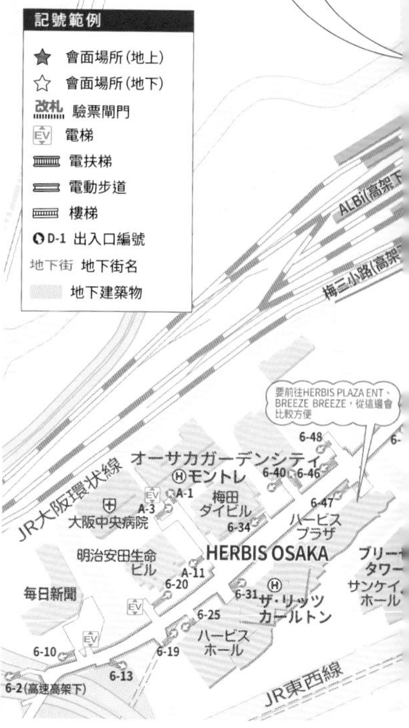

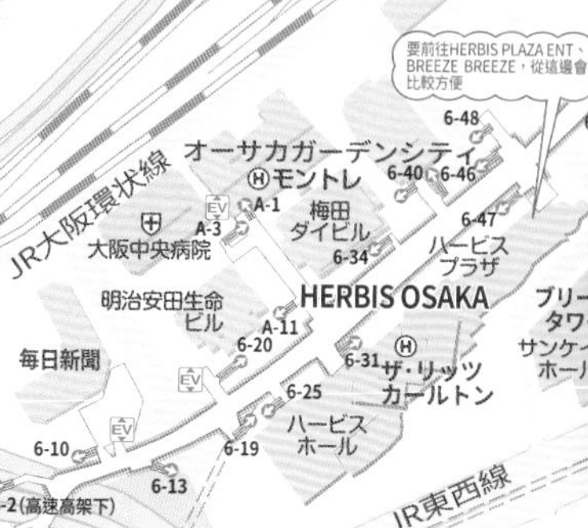

My Baggage

— 走吧，出門旅遊去 —

In Bag

☐ 錢包 （有帶護照嗎？）
☐ 票券
☐ 手帕／面紙
☐ 筆記本／筆
☐ 旅行指南
☐ 藥
☐ 雨具

Clothes

☐ /
☐ /
☐ 內衣褲
☐ 襪子
☐ 毛巾
☐ 睡衣 （有帶暖暖包嗎？）
☐ 披肩／禦寒衣物及用品
☐ 防曬用品

Amenity

☐ 化妝包
☐ 洗髮精／護髮乳
☐ 沐浴乳
☐ 洗面乳／卸妝用品
☐ 牙刷 （有帶眼鏡嗎？）
☐ 隱形眼鏡／清潔液
☐ 生理期用品

Gadget

☐ 手機
☐ 相機 （有帶記憶卡嗎？）
☐ 充電器／備用電池

☐
☐
☐

Must To Do

— 難得來玩就不要錯過 —

GO

想去的地方！

☐
☐
☐
☐
☐
☐

EAT

要吃的美食！

☐
☐
☐
☐
☐
☐

DO

必做的事情！

☐
☐
☐
☐
☐
☐
☐
☐
☐
☐
☐
☐

（什麼都不做也很好！）
☐ Do Nothing

PHOTO

想拍的照片！

☐
☐
☐
☐
☐
☐

BUY

要買的東西！

☐
☐
☐
☐
☐
☐

Enjoy your trip!

My Schedule

— 難得來玩就要盡情享受 —

DAY 1

Destination Transportation

Let's go

PM : Lunch/

NIGHT : Dinner/

STAY

DAY 2

Destination Transportation

AM : Breakfast/

PM : Lunch/

NIGHT : Dinner/

STAY

DAY 3

Destination Transportation

AM : Breakfast/

PM : Lunch/

NIGHT : Dinner/

Back home

Memory 記下旅途回憶

Enjoy your trip!

【繽紛日本 02】

大阪

作者／ MAPPLE 昭文社編輯部
翻譯／賴純如
特約編輯／徐承義
發行人／周元白
出版者／人人出版股份有限公司
地址／ 231028 新北市新店區寶橋路 235 巷 6 弄 6 號 7 樓
電話／ (02)2918-3366（代表號）
傳真／ (02)2914-0000
網址／ www.jjp.com.tw
郵政劃撥帳號／ 16402311 人人出版股份有限公司
製版印刷／長城製版印刷股份有限公司
電話／ (02)2918-3366（代表號）
香港經銷商／一代匯集
電話／（852）2783-8102
第一版第一刷／ 2023 年 09 月
定價／新台幣 380 元
港幣 127 元

國家圖書館出版品預行編目 (CIP) 資料

大阪=Enjoy! food paradise OSAKA!/ MAPPLE昭文社編輯部作；賴純如翻譯. -- 第一版. -- 新北市：人人出版股份有限公司, 2023.09
面； 公分 . -- (繽紛日本 ; 2)

ISBN 978-986-461-346-5 (平裝)

1.CST: 旅遊 2.CST: 日本大阪市
731.75419 112012655

■ 本書使用注意事項
●本書刊載的內容為2022年6～8月時的資訊，有可能已經變更，使用時請事先確認。各種費用也有因稅率調整而變更的可能性，因此有部分設施標示的費用為未稅金額。另外，各設施為因應新冠肺炎疫情，營業日、營業時間、開幕日期，以及大眾運輸系統的運行等預定皆有可能更改，出發前請務必在各活動或設施的官網，以及各地方單位的網站上確認最新消息。因本書刊載的內容而產生的各種糾紛或損失，敝公司無法做出補償，敬請諒察之後再利用本書。
●由於電話號碼是各設施洽詢用的號碼，有可能非當地號碼。在使用導航等搜尋位置時，有可能出現與實際不同的地點，敬請留意。
●公休日僅寫出固定的休息日，未包括臨時休業、盂蘭盆節及新年假期。
●開館時間及營業時間基本上為入館截止時間或最後點餐時間。
●在費用的標示上，入場費等基本上為大人的金額。
●交通方式為主要前往方式及估計的所需時間。使用IC卡時運費及費用有可能不同。
●停車場未區分免費或收費，有停車場時會以車位數表示。
●關於本書中的地圖
測量法に基づく国土地理院長承認（使用）R 4JHs 19-136312 R 4JHs 20-136312 R 4JHs 21-136312 R 4JHs 23-136312

※本書若有缺頁或裝訂錯誤可進行更換。未經許可禁止轉載、複製。